折れない自信のつくり方 実践編

青木仁志

ACHIEVEMENT PUBLISHING

本書は２０１０年７月に小社より刊行された
単行本を加筆・再編集したものです。

はじめに

実践編 刊行にあたって——

「揺るぎない自信」が、人生を変える

自信とは自分を信じる心です。自己信頼感と言ってもよいでしょう。同じ困難に直面しても、自信がある人は、キャリアと捉えて、なんとか乗り越えようと努力します。反対に、自信がない人は、無理だと思い込んですぐにあきらめてしまいます。

この違いはなぜ起こるのでしょうか?

人は、自分が成し遂げたことに対しては、自信をもてます。なぜなら、イメージできるからです。自信がない人は、情報が不足しているのでしょう。できないという解釈が先行してしまいます。

では、その情報はどうしたら得られるのでしょうか？

情報は、求める心に集まります。あなたの「こうしたい、ああなりたい」という純粋な思いがすべての源なのです。

「よくなりたいか？　なりたくないか？」と聞かれれば、誰だってよくなりたいと答えるでしょう。もし、求めるものがわからないのであれば、自己イメージが低いのかもしれません。どこかで「変われない」という考え方が自分自身に蓋をしてしまっているのでしょう。

これまで人材育成トレーナーとして40万人以上を指導してきたなか

で、人の気質は変わらないということを強く実感してきました。親の言葉、友人の影響、さまざまな環境から人それぞれの気質はつくられます。そして、多くの人は生まれ育った環境から大きく自分を変えることなく、人生を終えるのです。

研修の受講生にも参加中はよいのに、離れてしばらくすると元どおりになってしまう方がいます。彼らは、本来の気質に引っ張られて戻ってしまうのです。

そんななかでも明らかに変わっていく人たちは、家族の支えがあったり、親への感謝が芽生えたり、その人の人生に「愛」という概念を確立していく人たちです。

前著『一生折れない自信のつくり方』では、自信とは思い込みであると述べました。そして、小さな達成を積み重ねて、大きな自信をつくる方法をご紹介していきました。当たり前のことを当たり前にできれば、うまくいくのです。

本書では、その重要な部分を噛み砕いて図解化しています。すでに前著で内容を把握している方は、その部分を読み飛ばしていただいてもかまいません。

また、実践法を具体的にワーク形式でご紹介しています。加えて、自信の源にある**「自己愛」**と人から協力を得て目標を達成するための**「豊かな人間関係」**を養う術《すべ》をご紹介します。

「愛される」ということは「自信」につながっています。自分を信じるためには、「愛」に満たされた人生が必要です。そのために、本書が身近な人から大切にしていく**インサイドアウトの生き方**を実践するヒントとなれば幸いです。

私がキャリアをスタートさせたのは、17歳のころです。八王子にある鉄工所で溶接工見習いをしていました。あのころの私は、幼いときから虐げられ、逃れるように北海道から家出をして単身上京したコンプレックスの塊でした。人に嫌われたくない、痛みを受けたくない。そんな気持ちから人への感性が鋭敏になり、その後、20代前半にしてフルコミッションの世界でトップセールスになれたのかもしれません。

そこでは必死に努力すれば結果が出るという〝味〟は覚えましたが、振り返ると、負けん気のエネルギーだけで頑張ってきた虚栄の塊です。自己中心的で、自分でも本当に嫌な奴だったと思います。実のところ、20代の自分を思い出すと自己イメージは下がります。

それでも、**戦略的にポジティブな行為と思考を選択する手法を身に**

つければ、自信は育まれます。気質は変えられませんが、性格は変わるからです。性格とは、あなた自身の行為や思考の集大成です。

私は、セールスから能力開発の世界に入りました。

「同じ商品を売って、なぜ売れる人と売れない人がいるのか？」

そんな問いから成功の研究を続けていったのです。そこで見出した方法は、誰にでもできる簡単なものばかりです。

本書を手に取られたということは、少しでも自信をつけたいという思いをもち、行動を起こしたからでしょう。そこで、自信形成の行動を一歩深めていただくために書き込み式のワークを採用しました。

実はあなたが、将来どうなるかは、今の時点でわかります。

・あなたがどうなりたいのか？
・そのために何をしているのか？

この2つをリストアップするだけです。

自分の求めているものが得られたときに人は自信を手にします。目標は達成されることで、自信に変わります。本書に書かれている**自分の願望を知り、目標を設定し、思考と行動を一致させる技術**を学ぶことで、ぜひ「一生折れない自信」をつくり上げていってください。

目次

第2章 新しい自分をつくる行動を起こす ［目標設定］

第3章 自信を培うパターンをつくる

習慣を形成する

［実行］

第4章 自信はトレーニングによって強化される［行動管理］

終章 成功を定義する

第1章

思いの質が人生を決める

考え方を変える

［思考管理］

「できる」自分を描ける人の共通点

自信とは、思い込みです。自信をもつためには、思い込みを変えることです。どんなに小さなものでも、自分の中に「できる」という思いが芽生えれば、立派な「自信」でしょう。

35年間、人材育成の仕事に携わってきて気づいたこと。それは、8割の人は、自分の力をほとんど開花させず、生まれもったものだけで人生を終えるということです。いつも自信がないと言って新しい挑戦をしないと、あなたの可能性は、不完全燃焼のまま本当の力が発揮されません。私は、人の可能性を信じています。人間の力というものは、本当にすごいもので、使えば使うほど増していくものです。

あなたの中には、無限の力が眠っています。まずは、自分の可能性を肯定するところから始めましょう。そして、自信に満ちた自分の姿をイメージしてみてください。

さあ、それが自信形成のスタートです。

マイナスの思い込みをプラスの思い込みに変えることができれば、人生が変わります。私も自信ゼロの状態からスタートし、やがて期待する成果が出始めました。自信は、自分の求めているものを少しずつ実現させていく過程によって培われていくものだからです。

人間は、「思考力」と「時」を味方につければ、必ず変わることができます。自信があればどんな物事にも積極的に取り組むことができます。すると、結果があとからついてきます。その事実は、ますます自信を強化していくのです。

私は、これまでに多くの自信あふれる方々にお会いしてきました。「できる」という思い込みをもっている人たちです。

不思議なことに彼らには共通している事柄が多く見受けられました。

20頁には、「できる」自分を描ける人の共通点をまとめています。あなたはいくつ当てはまるでしょうか？

それぞれの項目を見ていただくとわかるように、彼らは特別難しいことをしているわけではありません。当たり前のことを当たり前に実践していることがよくわかるでしょう。

もし、チェックが少なかったとしても、今の時点では、あまり気にする必要はありません。この共通点を知っただけで「自信あふれる人生にはどのような要素が必要か」を考えるスタート地点に立ったわけですから。

「できる」自分を描くために、これらの項目を1つずつ考えるだけでもあなたにとって大きな一歩です。

本書をひととおり読み終えたら書かれていることを3日、3週間、3ヶ月と実践し、再び20頁に戻って各項目をチェックしてみてください。

少しずつかもしれませんが、チェックした項目が増えていることでしょう。各項目を身につけるための方法については、このあと説明していきます。

「できる」自分を描ける人の共通点

✓ いくつ当てはまりましたか？

- □ 数々の突破・成功体験をしてきている
- □ 自分が好き
- □ 高い自己イメージをもっている
- □ 自立している
- □ 責任感が強い。当事者意識が強い
- □ 何事もポジティブに考える。前向きな思考・解釈をする
- □ よい習慣をもっている
- □ 目的・目標をもち、毎日を一生懸命に生きている
- □ 自分がコントロールできることに焦点を当て物事に取り組んでいる
- □ 「逆境は最大のチャンス」と思える
- □ よい知識・情報を吸収するように努めている
- □ 人との出会いを求めている
- □ よい人との出会いや縁を引き寄せる力がある
- □ 自分だけの居場所をもっている。誰にも負けない得意分野がある
- □ 他者への感謝を忘れない

戦略的に思い込みをプラスに変える

自信とは、自分自身に対する肯定的な「解釈」や「思い込み」です。私たちは普段の生活でよく「自信がある」「自信がない」という言葉を口にしたり、耳にしたりしますが、そもそも自信の有無を決めているのは、周りの人間ではありません。その人自身なのです。誰でもできるイメージがあれば、できると思えるでしょう。反対にイメージができないと行動の抑止が起こります。ですから、私は、**「自信の有無」は情報の質と量からくる解釈**だと思っています。

「自信がある」と思えれば、何事にも積極的に取り組めるようになるでしょう。反対に「ない」と感じてしまうと動き出せなくなります。

もし、あなたが「自信がない」と悩んでいるのであれば、「なぜ、自信がないのか？」を客観的に見つめ、思い込みをプラスに変えるところから取り組んでみてください。なるべく「できる」と思える要素がある情報に触れるよう努めるのです。

人間は思考の生き物です。

自分で自分の思考をつくっていくという考え方が、自信をつくる上では大切になります。あなたの価値を決めているのは、あなた自身だということを理解していただきたいのです。

「自信がある」「自信がない」、どちらも正解です。なぜなら、それを決めているのは、あなた自身の解釈だからです。

あなたがあなたという人間をどのように捉えているのか。その解釈は、生まれたときからのあらゆる物事に影響されています。人間は言葉のわからない赤ん坊のころからでも、周りの情報がすべて脳に記録されていきます。それが、深層心理で自分のことを自分でどう見ているのかという「自己イメージ」に影響を与えるのです。

つまり、プラスの情報に触れれば触れるほど、プラスの思い込みが意識下に記憶され、マイナスの情報に触れれば触れるほど、マイナスの思い込みが形成されていくのです。

子どもであれば、自分自身で環境を変えることは難しいかもしれませんが、大人になれば、戦略的にプラスの情報を取り入れることができます。もし「自信がない」ことがあるとすれば、いままで生きてきたなかで、そのことに対する情報が不足しているか、マイナスの情報が多かったのでしょう。そこから、マイナスの思い込みがつくられてしまったのです。

いまから高い自己イメージをもちたいのであれば、**なるべく戦略的にポジティブな情報を入れましょう。**そして、実際に成功・突破体験の質と量を増やしていくしか自信を培う方法はありません。

「できる」「できない」は人が決めることではなく、あなた自身が決めることだということを理解してください。悩みがあるなら、そこに自分がどういう解釈をしているのかを冷静に考えて、思い込みをプラスに変えていく取り組みを始めていきましょう。

人生はその人の思考以上でも以下でもありません。思考によって人生が大きく分かれるのです。

戦略的にポジティブな情報を入れる

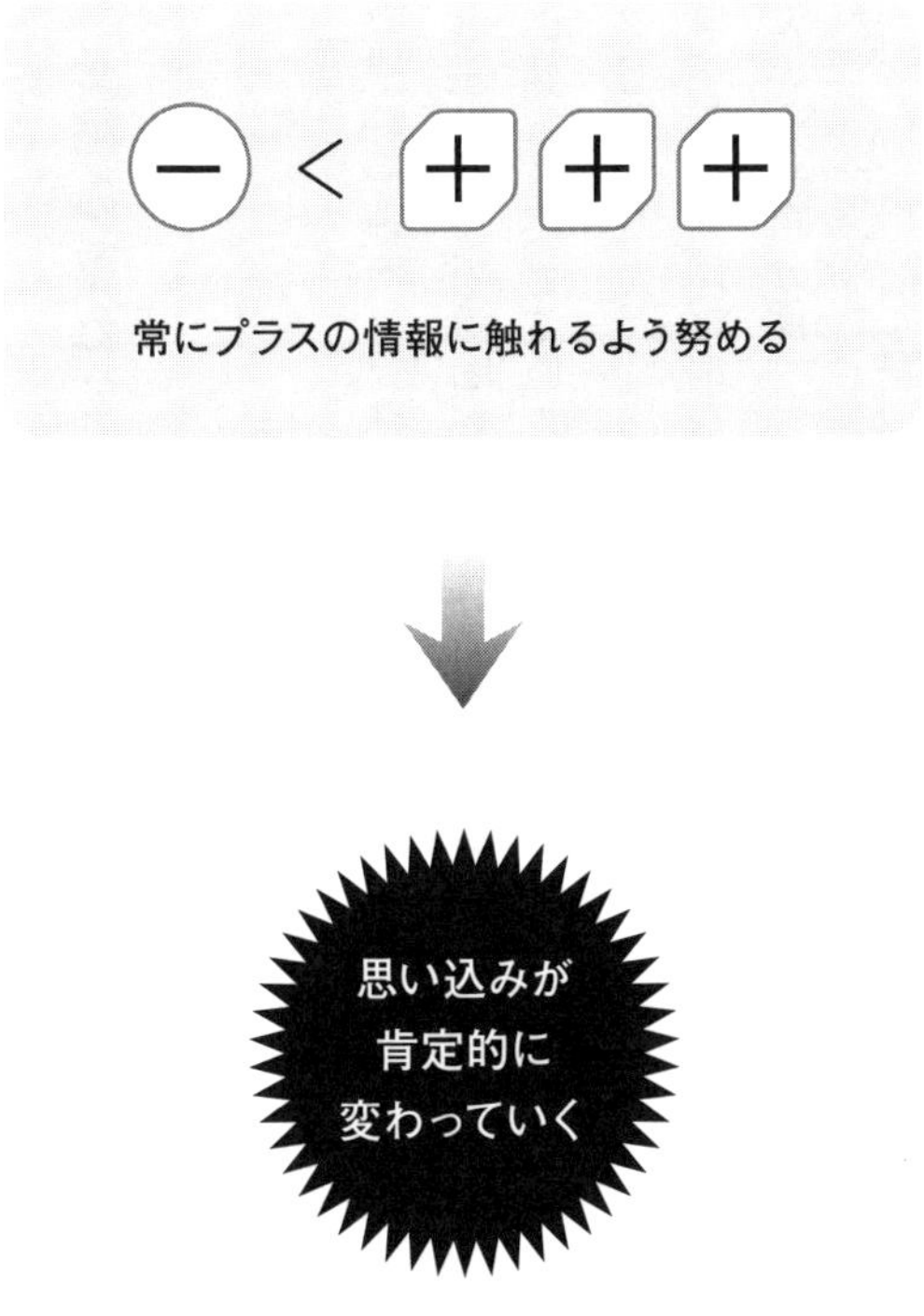
常にプラスの情報に触れるよう努める
思い込みが
肯定的に
変わっていく

達成を積み重ねて自己イメージを高める

「戦略的に思い込みをプラスに変える」と述べましたが、簡単なことではありません。なぜならば自信、すなわち自己信頼感には、あなた自身の思い込みを決めているもの、「自己イメージ」が大きな影響を与えているからです。

「自己イメージ」とは、あなたが自分で自分のことをどのように見ているのかという「自分像」とも言い換えることができます。つまり、「私はできる」という自己信頼感が高ければ高いほど、多少の情報が不足していても、積極的に物事に取り組むことができます。「自信」

の反対が、「自己不信」であることを考えれば、はっきりするでしょう。人生を充実させたいと思うのであれば、高い自己信頼感は非常に重要です。

そもそも、「自己イメージ」の元になっているものとは、これまであなた自身が、自分の力で物事を成し遂げ、困難を突破してきた体験の数です。**高い自己イメージをもっている人ほど、子どものころから数多くの成功・突破体験をしています。**

これには、親の関わり方が大きく関係しています。過保護のために満足な突破体験をさせてこなかったり、小さな成功体験を認めてこなかったりすると子どもに真の自信は形成されません。なぜなら、本人の努力によって困難を乗り越え、周囲から承認を受けることによって、「自分はできる。自分には価値がある」という自己信頼感が養われるからです。

自己信頼感が低い場合には、「すべては自分が源」と考えて、高い自己イメージをつくる努力が必要です。**自信はつくることができます。**自分で決めたことを日々完遂し、自分の中に成功・突破体験を重ねるのです。

花は世間の景気、不景気に関係なく美しい花を咲かせます。これと同じです。これまでは、周囲があなたの自己信頼感に大きな影響を与えてきました。これからは、何者にも左右されない戦略的な生き方を大切にしましょう。

「明日から、毎日腹筋を50回おこなう（30頁参照）」と決めたらきちんとやり遂げる。このようなささいなことでも「自己イメージ」を高めることができます。

自信のない人は、依存や甘えの心が強いものです。その根底にはさまざまな物事を他人のせいにし、自己を正当化する言い訳が存在しています。しかし、自分の足で立ち、自分の責任を自分の力でまっとうしていく、自分の身近な人から大切にしていく、こうした生き方が自信を養います。

自信形成の選択肢は2つ。「できるか、できないか」ではなく、「やるか、やらないか」です。

もちろん本書を手にしたあなたは、「やる！」という気持ちなのですから、たしかな自信をつかみとるまで達成を積み上げていきましょう。

目標達成の回数が自己イメージを高める

〈 目標を定める 〉

毎日腹筋50回

↓	↓
面倒くさいな	とにかくやるぞ
↓	↓
依存&甘え／途中で挫折	決めたら即行動
↓	↓

自己イメージは DOWN⬇	自己イメージは UP⬆

「できる」と言えばできるようになっていく

経験したことがない大きな壁や困難にぶつかると誰でも不安になります。最初から何にでも〝自信〟のある人なんていません。

私が20代のころ、フルコミッションで販売をしていたブリタニカの英語教材は約50万円しました。お客様に商品のよさをご理解いただいても、実際に使いこなせるかどうか自信がないという声を数多く聞きました。そんなとき私は、自動車免許の話を切り出すのです。

「使いこなせる自信がありませんか……。ところで、○○さんは自動車免許をお持ちですか？」

「はい、持っています」

「免許を取る前から車に乗れましたか？」

「いいえ」

「では、なぜ自動車免許が取れると思ったのですか？」

「なぜって、誰だって取れているじゃないですか」

「そうですね。英語も同じです。弊社の教材で多くの方が、英語を話せるようになりました。自動車免許のように、○○さんも必ず習得できるでしょう」


私もセールスを始めた当初は、「売れる自信」がまったくありませんでした。しかし、常にトップセールスマンだったら、どのように振る舞うかを念頭に置いて、毎朝、鏡に向かって「お前はセールスの天才だ！」と暗示をかけ続けました。やがてトップセールスマンになり、あっという間に数十名の部下をもつセールスマネジャーになることができたのです。

マネジャー職になってからも同じでした。ただし、自分ではなく、部下に対して「必ずできる」という暗示をかけ続けたのです。そこで、私の部下がニューキャリアアワード（世界142ヶ国に支社をもつブリタニカの中で新人世界一のタイトル）を受賞し、マネジャーとしても大きな実績を残すことができました。

私は、トップセールスマンになる前からトップセールスマンになりきっていたのです。ここでも**戦略的に暗示の力を使って「できる」という自己イメージ、つまり「トップセールスマンの私」をつくり出し**

たわけです。そして最終的に理想の姿と現実の姿を合致させることができました。

自信のある人は、どのような状況であろうと自分の行動を止めません。私もセールスで結果が出てくるとますます面白くなっていきました。積極的に顧客に会おうという気持ちになるので、当然、実績が上がっていきました。

何もないところからスタートするので、はじめは不安でいっぱいなはずです。そんなときは、「私はできる。絶対にできる。必ずうまくいく」と唱え、「もっとできる自分」を脳裏に描く努力をしてみましょう。本当は誰だってできる力をもっています。それを正しく使えば、必ず結果はついてきます。まずは、思い込みの力を使って一歩踏み出すところまで自分をもっていきましょう。

私もはじめから大きな自信をもっていたわけではありません。17歳で溶接工見習いとして社会に出たときは、世の中がまったく見えず、若さとエネルギーだけでなんとかできた肉体労働にしか生き残る術はありませんでした。それでも戦略的に解釈の質や思考を肯定的に変えていくことで、少しずつ思い描くとおりの人生が歩めるようになってきたのです。

私ができたのですから、必ずあなたにもできます。

できるという暗示をかける

暗示の力を利用して
トップセールスマンである自分をつくり出す

自分のルーツを肯定しよう

「自信」とは「思い込み」であり、その元になっているのは「自己イメージ」であると前述しました。繰り返しになりますが、「自己イメージ」とは、自分で自分をどう見ているのかという見方や見解です。その中核には、自分のことをどれだけ好きかという「自己愛（セルフラブ）」が存在しています。自信形成には、自己愛の強さが密接に関係しているのです。

自分のことを絶対的に信じてくれる最初の存在、それが親です。自己イメージの中心にある自己愛は、両親の愛により育まれます。親に愛されて育った子どもは、健全な自己愛と高い自己イメージをもちます。

一方、本人がしたくないことを「ダメだ、ダメだ」とマイナスの言葉を使って、無理にやらせようとしても自己イメージは上がりません。反対にマイナスの暗示がかかってしまいます。

また、喧嘩ばかりしている夫婦の下で育った子どもは、健全な自己愛が宿りにくくなります。心理学的にも、夫婦間の問題を子どもは一方的に、「原因は自分にある」と考える傾向があるようです。これでは自分で自分を愛することはできないでしょう。

自己愛は「承認」により育まれます。「私は愛し、愛されている」

「私には価値がある（役に立っている）」という実感を受けられる生き方が、自分で自分を肯定できる人生につながります。

そこで、重要なことは、自分のルーツである親の存在です。いくら自信をつくろうと思っても、**ルーツを肯定できなければ、真の自己愛を形成することはできない**からです。

私は自分の両親に心から感謝しています。とくに実の母には、いくら感謝してもし切れません。私が3歳のときに両親は離婚しました。その後、義母との葛藤やさまざまな辛く苦しい経験をへて、私は17歳のときに単身上京しました。こうした貧乏で愛を十分に受けることのできない家庭環境に育った私には、高い自己イメージはありませんでしたが、実の母は仕事を休み、半年かけて私を探し出してくれたのです。鉄工所の寮にある3畳一間の部屋で再会したときに、母は涙ながらに私を抱きしめてくれました。「自分を必要としてくれている人がいる。自分はいてもいいんだ」。こうした実感によって私の「自己愛」は急激に高まりました。

非行に走ったり、道を踏み外して自爆自棄に陥ったりしている人たちは、おしなべて自分のルーツを否定しています。自分のルーツを肯定するところから高い自己イメージは育まれるのです。

もし自信がもてず、両親との関係が良好でなければ、まずは親子関係を修復しましょう。それが健全な人格をつくります。

「いろいろあったけれど、お父さん、お母さん、育ててくれてありがとう」と心を込めて言ってみましょう。そのとき、あなたの深層心理は、ガラリと変わります。両親への感謝の念が沸き上がってくるでしょう。この出来事こそが、まさしく自分のルーツを肯定したことになるのです。

人は、愛されることが必要な生き物です。愛されない人、愛されたことがない人に自信はもてません。そして、愛されることは、愛すること、感謝することから始まります。

さらに、両親への感謝だけでなく、どんなことにも感謝できる心をもてれば、前向きに物事に取り組めます。自分のルーツを肯定することは、勇気がいるかもしれませんが、あなた本来の力を引き出すことになるのです。

身近な人への感謝の手紙

あなたを大切に思ってくれている人は必ずいる
素直に書き出してみよう

例：お母さん、いつも夕食をありがとうございます。

この夕食の時間が、僕にとって明日への活力が湧く時間です。

長期的に物事を考える

一生折れない強固な自信を手にするために、小さな達成をコツコツと積み上げていく自己訓練の大切さを述べました。しかし、現実には、決めたことをそのとおりに実行していくのは、たいへん難しいものです。そこで、達成を積み重ねるためには、物事を長期的に捉える視点が大切になります。

そもそも、なぜ人は決めたことをそのとおりに実行できないのでしょうか？

それは、私たちが普段、やろうとすることには、現実と理想のギャップがつきまとっているからです。このギャップには「苦痛感情」がともないます。人は、自分の考えていることがそのとおりに実現できれば「快適感情」を得ます。反対に、うまくできなかったり、簡単にはできなかったりすると「苦痛感情」を味わいます。「苦痛感情」を感じると回避モチベーションが本能的に働いて、苦痛を避ける方向へ避ける方向へと自然に向かってしまいます。

とくに、自信がない場合には、消極的になりがちで、うまくできずに「苦痛感情」を味わう回数も増えます。そのため、周りのせいにしたり、無力感に打ちひしがれたりすることで、苦痛から逃げるための言い訳を無意識につくってしまうのです。

言い訳とは、できない理由を自分の中につくっているいわばストーリー。このストーリーに浸っていれば、本人は救われます。苦痛ではなく「快適感情」を味わうことができるからです。そこには、無責任さや甘えといった依存の心が強くあります。

この依存や甘えを断ち切らなければ、真の自立した人生の実現はありません。目の前の楽に手に入る「快適感情」にばかり流されてしまう人生だからです。

そこで、「苦痛感情」と「快適感情」の関係を逆に利用してしまいましょう。それが、**長期的な視点で願望を膨らませて、目先の「苦痛感情」にぶつける方法**です。

ここまで述べてきたとおり、自信を形成するためには、成功体験を積み重ねて「できる」自分を信じられるようになる必要があります。

むしろ「苦痛感情」を積極的に受け入れ、そこを乗り越えた自分をイメージして取り組んでいきましょう。

長期的な視点で自分の理想をイメージし、「苦痛感情」を感じたら、その先にある理想イメージから手に入る「快適感情」を想像してみましょう。苦痛感情は味わえば味わうほど、乗り越えた先には、なかなか味わうことのできない真の快適感情が存在します。

変わりたいと言っていても、本当に変わる人は全体の約2割です。残り8割の人は、変わりたいと口にしながら、心の底からは思っていないということでしょう。易きに流れ、「快適感情」に溺れるあまり、なかなか自信を育てられないでいるのです。

苦痛を味わうと学習という貴重な経験が蓄積されます。学習によって成功の確率が高まります。その分、自信も育まれやすくなります。

苦痛感情に打ち勝ち、大きな自信を手に入れるために、人生に目的や理想をもち、長期的な視点で日々の達成を積み重ねていきましょう。

長期的な視点をもって苦痛感情に打ち勝つ

3年後、5年後、10年後の自分の理想イメージを膨らませてみよう。

■3年後の理想の自分	■5年後の理想の自分	■10年後の理想の自分

心の声に耳を傾ける

以前、私が敬愛しているプロスキーヤーの三浦雄一郎さんと対談をする機会に恵まれました。

「なぜ、そこまで高い目標を掲げて取り組めるのでしょう?」という私の質問に対して、三浦さんは次のように答えてくれました。

「鳥は翼があるから飛ぶのではありません。心の中に飛ぶ意志があるから飛べるのです」

翼をもっていても飛ぶ願望がなければ、飛べない。自分の中に「飛ぶ」という願望があるから飛べる。さらに、飛ぼうとする本能は遺伝子にプログラミングされているということでしょう。この話にはとても深い示唆を感じます。

多くの方々をトレーニングしてきましたが、どんなに長期的な理想や目標を掲げても、意志の力だけでは続かないということを実感しています。もっと、自分の「願望」や「欲」に正直になっていいのです。

鳥ははじめて大空へ羽ばたくときに、自信のあるなしを考えないでしょう。同じように、私たちも好きなことをしているときに、自信の有無を考える人はいないはずです。「本当にしたいこと」に素直になれば、モチベーションは高まり、どんな困難があってもチャレンジできるようになるでしょう。

私は「意志の力」ほど弱いものはないと思っています。**自分の中に「こうしたい」というエンジンがなければ、長期的に走り続けること**

は不可能です。

人は自分の中の願望を求めて動きます。そして、その願望がはっきりしている人ほど強い意志をもって迅速・確実に行動します。

求める心がないと得られるものは少ないのです。滅多に人は変わりません。自信をつけたいと思っていても、唯一変われるのは、本人が本当に変わろうとしたときだけなのです。

変わることのできない理由の1つは、変わることへの恐れでしょう。できなかった経験の蓄積が、変わる勇気を奪い、「何をしてもうまくいかない」というマイナスの思い込みをつくり出してしまっているのです。

しかし、安心していただきたいのは、変わろうとしても、実際にその人自身が変わるということはないということです。あなたが変わろうとしても、あなた自身が変わるのではなく、あなたに力がつくと考えましょう。あなた自身が変わる必要はありません。変わることもありません。変わるのは、あなたの「考え方」「行動」「知識」「技術」です。

思いの質が人生を決めます。あなたにとって何が価値ある目的なのか。何を本当に成し遂げたいのかを真剣に考えてみましょう。

次頁にワークを用意しました。自分の求めるもの、本当にしたいことを正直に書き出してみてください。まず意識することから始めるのも効果的です。

自信をつけたい、変わりたいのであれば、その思いに正直に、経験がなくとも精一杯できることから取り組んでみましょう。

私が本当にしたいことは……

自分の評価を大切にしよう

どんなに自分がしたいこと、「願望」にあることでも、実際に行動をすると、現実と理想のギャップに苦しみ、挫折してしまいそうになることもたくさんあります。そんなときは他人からの信頼を受け入れてしまいましょう。**すでに乗り越えている人や自分を信じてくれる人からの信頼を自分の自信に変えてしまうのです。**

私が、ブリタニカでセールスを始めたとき、最初の1ヶ月間はまったくオーダーが取れませんでした。とうとう、上司に「自信がなくなってしまいました」と正直に打ち明けました。そのときの上司は、当時日本一のセールスマネジャーでした。

マネジャーは、「それは困った。青木、お前は、俺がお前を育てる自信がないと言っているのか？」と、強い口調で言ってきました。

私はとっさに、「そうじゃありません。自分に自信がなくなってしまったんです」と反論しました。

すると、マネジャーは次のように言いました。

「青木、俺はいままで何人もお前の仲間を育ててきた。お前のできないという自信と俺の絶対にできるという自信、どっちを信じるのか答えてみろ」

そこで、「マネジャーを信じて、もう一度頑張ります」と決意を新たにし、直後に初オーダーをいただくことができたのです。

このように自信形成の初期段階では、すでに乗り越えた経験がある人の自信を自分のものとして捉えることも有効でしょう。

しかし、最終的には他者の判断ではなく、「自己評価」の人生を目指してほしいものです。なぜならば、他人は自分のコントロール下にないからです。

他者の判断に依存したり、相手に認められたりしようとすればするほど、うまくいかなかったときに、現実と理想のギャップによって大きく自己イメージが下がってしまいます。

相手に認められる自分ではなく、**自分で自分のことを認められるような生き方**をしましょう。もしうまくいかないことがあってもすべての要因はあなた自身の中にあります。

私も現実と理想のギャップに苦しむことは、たくさんあります。もっとも辛いのは社員の退職です。社員を幸せにしたいと本気で願っているのに、なぜ離れていってしまうのか。自分のすべてが否定されている気がして、胸が張り裂けそうになります。

ただ、私がどんなに幸せにしたいと思っていても、幸せかどうかを決めるのは社員です。私は仕組みを改善し、経済的な豊かさと働きやすい環境をつくり、自分が思う社員にとっての理想的な経営者になろうと注力するしかないのです。

あなたも自分自身の価値ある目的に向かって、多くの人の役に立てる人間になるような生き方を実践していきましょう。

次のワークで自分の身近な人たちを思い浮かべ、その人たちが求めているものをあなたなりに書き出してみてください。そして、その人たちに対して、あなたができることを考えてみましょう。

まずは、自分がしてほしいと思うことを相手にもそのように与えましょう。遠回りのように思えるかもしれませんが、自分から与えることが、結果として自己イメージを保ち、自己評価に生きるための近道なのです。

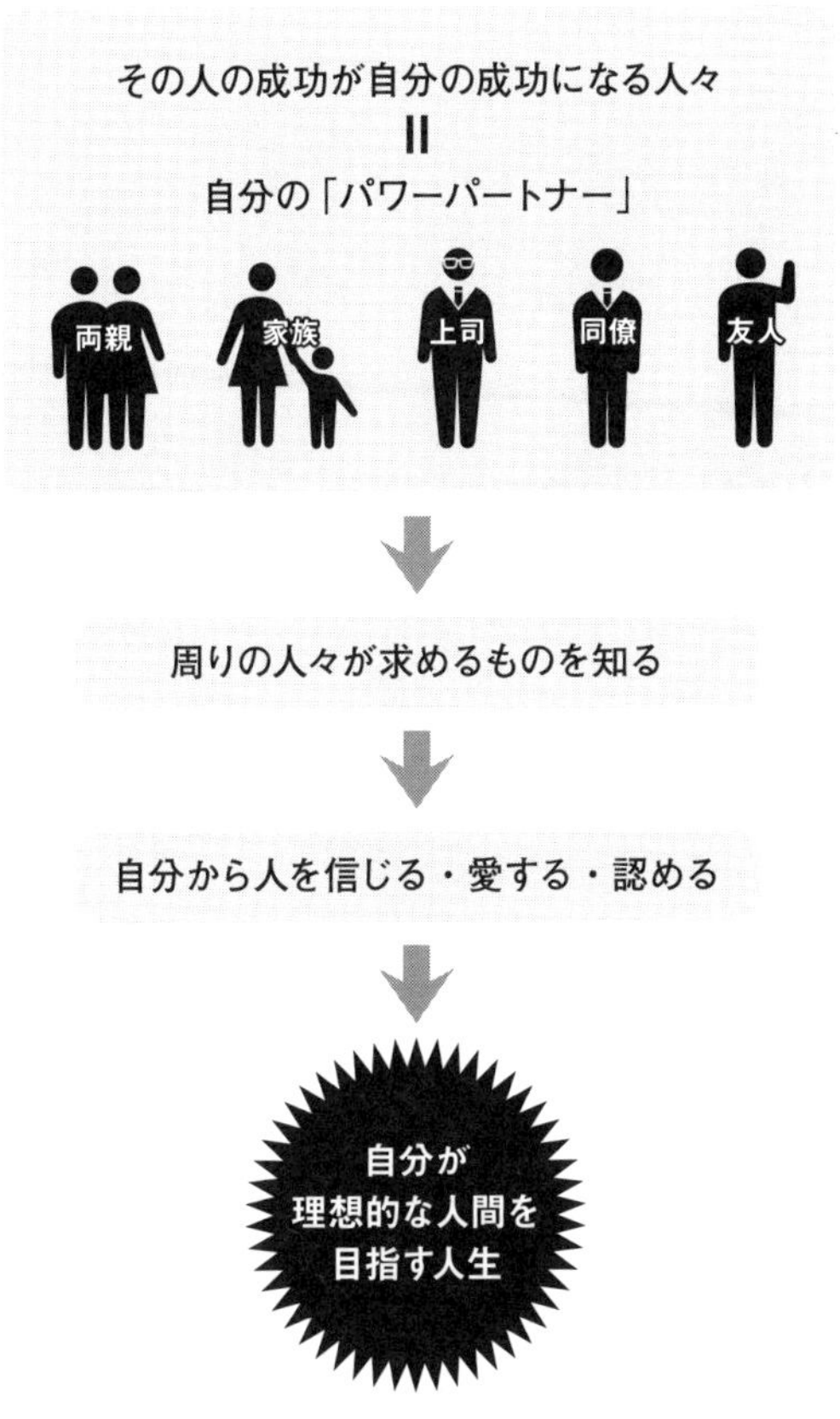
その人の成功が自分の成功になる人々
II
自分の「パワーパートナー」
両親
家族
上司
同僚
友人
周りの人々が求めるものを知る
自分から人を信じる・愛する・認める
自分が
理想的な人間を
目指す人生

自分のパワーパートナー

その人たちが求めているもの

その人たちにしてあげられること

第2章

新しい自分をつくる行動を起こす

行動を変える

【目標設定】

「選択」を変えてみる

自分を信じる心は体験でしか養われません。しかし、自信がないと困難や苦痛感情に立ち向かうのは難しいものです。生まれつきおとなしい性格であったり、なぜか他人に気遅れしてしまったりする人はたくさんいます。そこで、私は、人生には方程式があるという考え方で自己訓練をおこなってきました。

人生は、選択の連続によって成り立っています。瞬間瞬間の判断で良い方向にも悪い方向にも導かれるのです。

「その人の人生＝先天的特質×環境×本人の選択」

これは、私がこれまでの経験から導き出した人生の方程式です。

たとえ、生まれつき気が弱かったとしても、周りがあなたの自己概念を下げるような環境であったとしても、これからのあなたの選択を変えることによって人生はいくらでも好転します。選択の判断基準については、前章で述べた考え方を参考にしてください。

自己訓練とは、自分の選択に責任をもたざるをえない環境下で経験を積むことです。小さい子どもであれば、環境を選ぶことは難しいでしょうが、大人になれば、本人の選択によって環境を変えることができます。戦略的に正しい選択をしていくことが自信形成には何よりも大切です。

何に対しても自信がもてないのであれば、その思い込みをつくっている情報を変える選択から始めましょう。自己暗示、読む書物、付き合う人をすべて自己イメージが高まるように変えるのです。

南に行きたいと思いながら、北を向いて歩き出しても南に行くことはできません。自己訓練において重要なのは、あなたの「選択」を変えること。まずは、第1ステップとして、人生の方程式を思い出し、変われることを信じましょう。そして、心から自分の理想を求めましょう。その心の声に正直に、興味のあることに集中してください。

たとえば、「早起きして、自分の人生の目的と目標を確認し、その日にやるべきことをリストアップする。そのうち、優先順位の高いものから実行する」。こうした「選択」を実践するだけでもあなたの人生は大きく変わり始めるでしょう。

自分で決めたことを確実に達成する、これが自信を生み出すために大切です。人から与えられたものではなく、自分自身の内面から湧き上がってきたものを自分の力で達成するのです。

自分の行動を能動的にマネジメントしているとも言えます。受動的に、なんとなく流されていても自信はつきません。だから、自分の行動に対しては、自分の意志でマネジメントしていくという意識が重要です。

さあ、これから自信を高めるために、いまからできることを挙げてみましょう。確実にできるところから取り組んでみてください。

行動を「選択」していくことが自信形成において不可欠です。

人生の方程式

その人の人生 ＝ 先天的特質 × 環境 × 本人の選択

自信をつけるために今すぐできる行動

■

■

■

■

■

■

■

■

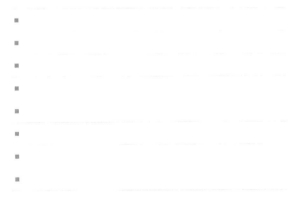

当事者意識と被害者意識

あなたは自分の人生に責任をもって生きていますか？

あるいは成功や失敗も含めて、すべてを自分の運命として受け入れられているでしょうか？

あなたの人生をよりよくできる人は、あなたしかいません。何を言っても、何をやってもあなたの人生で起きたことは、すべてあなたに返ってきます。

「自分の人生は誰のものでもない」

「だから誰のせいにもしない。すべて自分の生み出した結果である」

私は、若いころにセールスという職業に出会えたことが幸運でした。のめり込むことができたのは、自分を磨き、高めていく仕事だったからです。

成果＝マーケット×技術×行動量です。

セールスでは、自らの技術を高め、どこへ行くのかを見極めて、実行していくほかに成果はありません。さらにフルコミッションの場合には、毎週の活動が結果となって表れます。成果が出ないことを誰かのせいにすることもできません。

国際的なセールスの顕彰会などで出会う、名を成しているセールスパーソンたちは、賞賛され、それぞれの組織で神様のように敬愛されています。そして、より多くの実績を上げるためには、自分自身の人間的な魅力をさらに高めなければならないことを知り抜いています。なぜなら、彼らが売り込んでいるのは、商品ではなく、自分自身だからです。

だからこそ、トップセールスたちは、おしなべて人間的な魅力に満ちあふれていて、彼らの世界では勝っても負けてもお互いが人間的に磨かれていくのです。言い訳はできません。成績が悪いのは、すべて自分の責任であり、さらに自分の魅力を高めていくことが課題となるのです。

「自分の運命は自分もちである」

自分の人生を受け入れる意識から責任感が生まれてきます。

自信がない人が感じている不幸感の原因は、**その人自身の不平や不**

満です。人生に対する依存や甘えがある限り、自己イメージは高まりません。相手の存在にフォーカスし、相手を尊重して生きましょう。

本来、あなたの周りのことは、すべてあなたが一人でやらなければならないことです。それに周囲の人が手を貸してくれたときは素直に感謝の気持ちをもちましょう。私は、経営者として本来ならば私一人でやらなければならないことを社員に補ってもらっていると心から感謝しています。**人間は、自分自身でやらなければならないことを「他人にやってもらっている」と思えたときに変わります。**

当事者意識を強くもつために、まずは次頁のワークで周囲の人たちにしてもらっていることを書き出してみてください。そして、その人たちに自分がしてあげられることを思い描き、感謝の気持ちを可視化してみましょう。自然と当事者意識が高まっていくでしょう。

他の人にしてもらっていることを書き出そう

周囲の人にしてもらっていること

例：妻は自分の時間を犠牲にして子どもの勉強を見てくれている

自分が周りの人にしてあげられること

例：いつも妻に対して“ありがとう”と感謝をする

人生の目的を考えてみる

私が、社会に出たのは17歳のときであったことは前述したとおりです。ですから、私の最終学校歴は、高校中退です。

昔は、自分の学校歴に強いコンプレックスを感じていました。研修講師として、社会的な地位も学校歴も高い方々を相手にすることも多いからです。こんな中途半端な私では周囲の人たちがきちんと相手にしてくれないのではないかと思い込んできました。

若いころは、学校歴が低いことをコンプレックスに感じて、一生勉強しようと自分自身に誓い、年間200冊の書物を読破していました。

そのおかげで30分程度で1冊読めるようになりました。もちろん、現在も学び続けています。努力を重ねることで、学校歴は低くとも学歴（学び続ける歴史）は負けていないと思えるようになりました。

人間は誰しも人に言えないコンプレックスや悩みを抱えているものです。ですから、コンプレックスがあること自体は大きな問題ではありません。

しかし、コンプレックスが元になってマイナスの思い込みが、あなたの行動を制限しているのであれば改善したほうが得策でしょう。行動しなければ、自信は形成されないからです。

人間は、人生の大きな目的を意識したときに、目の前のコンプレックスなど気にならなくなります。私が懇意にさせていただいている方々の中には、大企業の社長や大学教授もいらっしゃいますが、皆さん人間的にも素晴らしく、学校歴も申し分ありません。それでも、「選択理論を土台としたコンサルティングという社会的意義のある事業をしている」と私自身の目的が明確だからこそ、気兼ねなく親交を深めることができるのです。

コンプレックスを克服するためのもっとも効果的な方法は、人生における「目的」をもつことです。

つまり、人は目的に生きることで、ネガティブな思い込みを打ち砕くことができるのです。いまのあなたのコンプレックスには、あなたの自分自身に対する見方が反映されています。76頁で「人生の目的」を書き出すことでコンプレックスに打ち勝ちましょう。

人生の目的を設定したら、それを成し遂げるための戦略的な「目標」が不可欠となります。そして、目標を設定したら、その達成に向け、日々の生活において効果的な「行動」が求められます。そのために有効な方法は後述していきますが、**すべてはあなたの人生の目的が土台である**ことを忘れないでください。

目的に生きればマイナスの思い込みはなくなります。ここでしっかりと、「自分の人生に何を求めているのか」「もっとも大切にしていることは何か」「なんのために、誰のために、なぜ成功しなければならないのか」を考えて、人生の目的を書き出してみましょう。

あなたの人生の目的はなんですか？

私の人生の目的

小さな成功を積み上げる

自信をつけるためには、「自分が思っていること」と「していること」を一致させる習慣を身につけることが大切です。

自分の意志で「こうしよう」と決断してそれを「現実化できた」という体験を積み重ねれば、自信がついてくるでしょう。現実と理想を一致させる。すなわち、自分の思考を実現させればさせるほど自信は大きくなっていきます。

とはいえ、最初から高すぎる目標を設定することは避けたいもの。

現実と理想のギャップが大きすぎるがゆえに挫折して、結果的に自信を喪失してしまうようでは本末転倒です。肝心なのは、確実に実現して成功体験を積み上げることです。まずは**達成しやすい目標の実現に取り組み、少しずつレベルを上げていく**ことを心がけてみてください。

目標は、ダイエットのために毎朝ジョギングする、毎朝早起きする、毎月決まった金額を貯金するなど、小さなものを設定するだけで十分です。１つ目標を達成したら、今度はもう1ランク上の目標を目指してみてください。こうして大きな自信をつくり上げていきましょう。

目標を立てる際は、自分の好きなものに的を絞るのもよいでしょう。「好きこそものの上手なれ」という表現にも見られるように、一生折れない自信をもっている人たちは、好きなことを実践しています。好きなことならわだかまりなく取り組めるので行動が続くのです。

成功の確率は、チャレンジする回数が多ければ多いほど高まります。反対に嫌いなものに取り組んでも創意工夫が生まれず、なかなかうまくいかないのが常ですから、挫折経験をして自信喪失ということになりかねません。

逆説的ですが、嫌いなものでも、続けることで好きになるということもあります。

私は、元々セールスが好きではありませんでした。とくに、ダイレクトセールスの世界ですから、どんなに張り切って電話掛けをしてもアポイントが1件も取れないという日があります。

そんな日は、午前中で気分が悪くなってきます。セールスでは、常に自分の気持ちをコントロールすることに追われます。ひとたび狂いが生じるとやることなすことがことごとくうまくいかなくなってしまうのです。そうなると自信を失い、自己評価を下げてしまう。

そこで苦しいときには、成功者たちの教えを頭の中で反芻《はんすう》しながら、アファメーションをしていました。アファメーションについては、後述しますが、自己暗示の技術です。いつも携帯している手帳には、彼らの言葉がぎっしりと書かれています。それを見て、改めて気持ちを奮い立たせたら、電話器をとってアポイントを取ることに注力するのです。きっかけをつかんでしまえば、セールスが好きになり、行動量が増えます。それに比例して実績も上がっていくでしょう。当然、自信がつくはずです。

私の場合には、初オーダーまで1ヶ月間もかかりましたが、その後、1日で3件のご契約をお預かりした体験をしたことで、それからは、「3プレゼンテーション TODAY」を念頭に、毎日この目標をいかに達成できるかに集中しました。時には、移動中の新幹線やタクシーの中で、隣の乗客や運転手さんにアプローチをしました。とにかく、会えば熱心に自分の職業と商品を伝えていきました。その結果、入社1年でトップセールスになることができたのです。

自信がある人は、決して無理な目標を立てません。自分の力よりも少し上の目標を設定し、着実に達成を積み上げていきましょう。

自信形成のプロセス

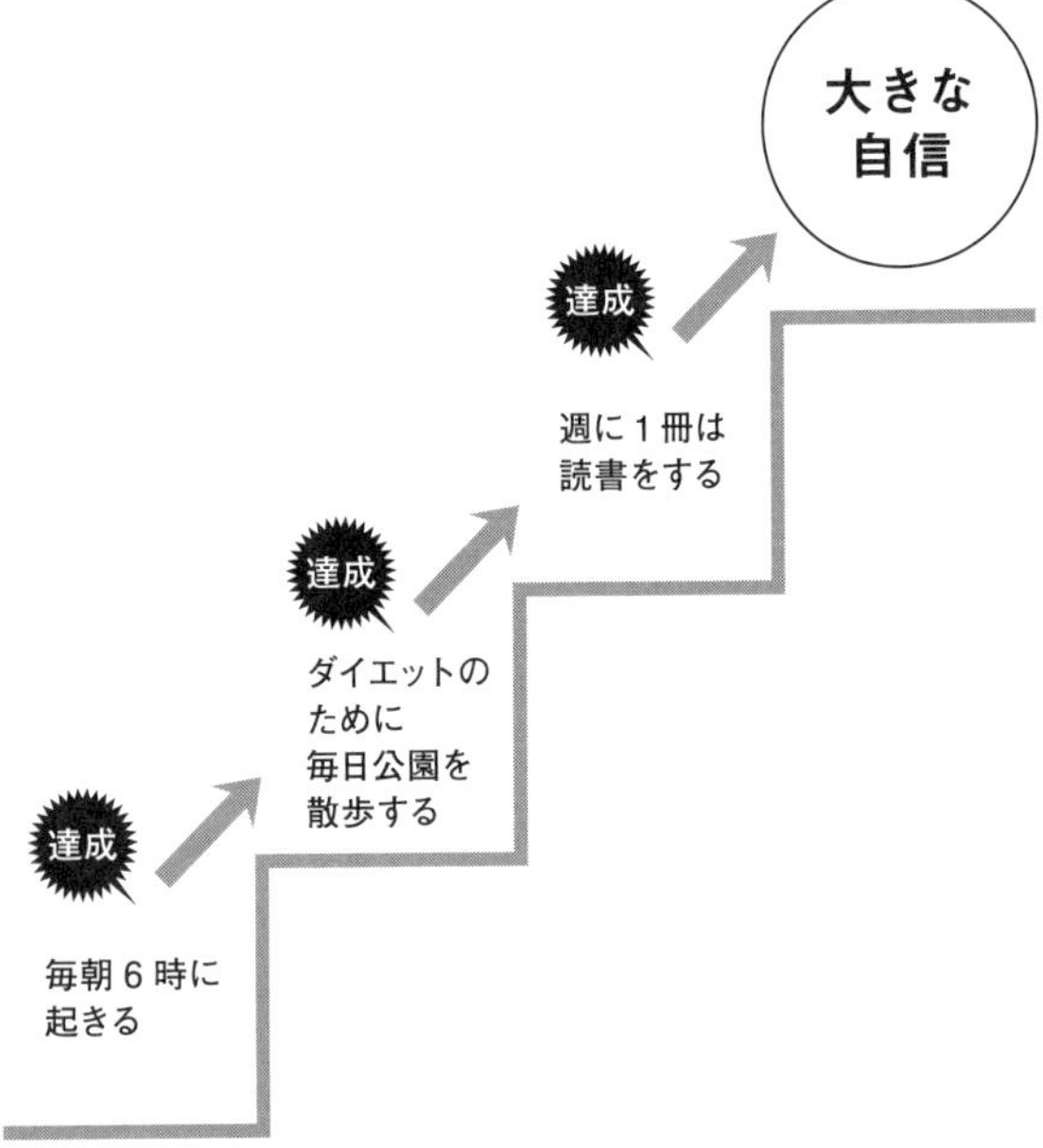
大きな
自信
達成
週に1冊は
読書をする
達成
ダイエットの
ために
毎日公園を
散歩する
達成
毎朝6時に
起きる

目標設定は5つの分野でバランスをとる

前項までは、小さな成功体験を積み上げるために「目的」や「目標」が重要な役割を果たすということをお伝えしてきました。では、日々の目標はどのように設定すればよいのでしょうか。順を追って説明しましょう。

まず目標とは、「いつまでに何を実現したいのか」というあなたが思い描く未来の出来事であることを理解してください。

思考の実現回数に比例して自信が培われると述べました。つまり、目標を達成するとは、あなたが頭の中で考えている理想イメージを実現することなのです。しかし、漠然と「求めているものを具体的な目標に落とし込んでください」と言われても難しいでしょう。

そこで、私は、目安として人間の基本的欲求に基づいた目標設定をしています。アメリカの心理学者ウイリアム・グラッサー博士が提唱する選択理論心理学では、人間には以下のような5つの基本的欲求があると述べています。

❶ **生存**……………心身ともに健康で生きようとする欲求
❷ **愛と所属**………愛し愛される人間関係を築きたい欲求
❸ **力**………………自分の価値を認められたい欲求
❹ **自由**……………精神的、経済的な自由を得たい欲求

❺楽しみ………主体的に何かを楽しみたい欲求

人間はこれらの欲求が満たされると幸福感を得て、心が安定します。**一生折れない自信をつくるためには、この5つの欲求が満たされるように設定するのがよいでしょう。**身体だけではなく、心も健やかでいられるためには、どうすればよいのか。自分にとって重要な人間関係を良好にするためには何ができるのか、など一つひとつ考えてみてください。

目標を定めて書き出したら、毎朝それらを見て、日々の行動プランを立ててみましょう。毎朝確認すると、その日にやるべきことがセットアップされるので、迷うことなく行動できるからです。

そして1日の終わりに、実行の有無を振り返るようにしてください。

自分の思考が具体的に実現できているのかを確かめるのです。目標を見る回数は多ければ多いほど、自信を養う効果は高まります。

人は自分の理想イメージを考えることで求める心が強くなります。さらに無意識下に目標が入ることで、目標達成に向けた思考ができます。戦略的に自分の思考をつくることで、日々の行動が自然と目標達成へ向かうようになるのです。毎日、朝昼晩に確認すれば、その達成率は1年に1回見る人の実に1000倍にも達するでしょう。

5つの分野それぞれに適切な目標を設定する

人に備わる5つの基本的欲求がうまく満たされるように、目標をバランスよく設定しましょう。
5つの領域の目標を書き出して、
毎晩の実行確認に活用してください。

1
生存
心身ともに健康で生きようとする欲求

例：週に1回は、スポーツジムへ行く

2
愛と所属
愛し愛される人間関係を築きたい欲求

例：年に1回は、家族と海外旅行をする

3
力
自分の価値を
認められたい欲求

例：セールスのサマーコンテストで入賞する

4
自由
精神的、経済的な
自由を得たい欲求

例：3 年後までに 500 万円を貯蓄する

5
楽しみ
主体的に何かを
楽しみたい欲求

例：月に 2 回は、好きな美術館巡りをする

小さな目標からスタートする

人は「自分の理想に近づいている」という実感を得られると自己イメージが上がります。逆に現実と理想のギャップに思い悩み、「自分には到底できない」と思ったときには自己イメージは下がってしまいます。こうなると、自信形成からはどんどん遠ざかっていってしまうのです。

一生折れない自信は、最初から高すぎる目標を掲げてはつくられません。繰り返しますが、自信は、あなたがあなたのことをどう見ているのかという自己イメージが元になっています。完璧主義の人によく見受けられますが、人から認められる自己イメージをつくることに必死になって、身の丈以上の目標を設定し、達成できないフラストレーションを溜め込んで自信を喪失してしまうことほど愚かなことはありません。目標は、常にあなた自身の中から出てくるものに従って設定することを心がけていただきたいのです。

人間とは不完全な存在であり、誰もがミスをするものです。この世に完璧な人間などいません。健全な自己イメージは、こうした考え方によって築かれていきます。

まずは、いまの自分が**達成できそうな目標を設定して、それを確実に実行する習慣を身につける**ことに注力しましょう。そして、その経験から少しだけ高い目標を設定して成功体験を積み上げていく。こうした成功パターンをつくることが、自信形成における鉄則です。

周りと比較することなく、自分にできることで人の役に立つことも自信形成には、たいへん有効です。

私は一時期、家の近くで息子と一緒に浮浪者の方におにぎりを渡していました。偽善者と言う人もいるかもしれませんが、私は、あげないより、あげたほうが役に立てると思っています。また、人に尽くすことで、息子の自己イメージも高まるものです。逆に人間は利己的になればなるほど、自己イメージが下がっていきます。

相手の立場に立って物事を考えること、あるいは勇気や真心をもつことはプラス思考であり、徳の高いことです。

仕事や経済活動においても、現代における真の成功は「人を幸せにする」という愛を土台にしたものです。逆に、自己中心的な目標だけで行動したり、人間関係を犠牲にしたりすることで得た自信や成功は本物とは言えません。

浮浪者に食事を与えるという行為は「人の役に立つ」という意味ではささいなことかもしれません。しかし、他人の力になることは、「今、できることをする」という行動の1つになるだけでなく、正しい方向で自信をもつことにもつながっていくのです。

高い目標を設定し、折れることなく走れるのは成功体験がある人だけです。最初からそうした人の方法論を真似ても意味がありません。登山の未経験者は、いきなりエベレストを登頂しようとはしないでしょう。自信形成においてもその考え方は同様です。

まずは肩肘を張らず、自分のレベルに合った目標を確実に達成していきましょう。

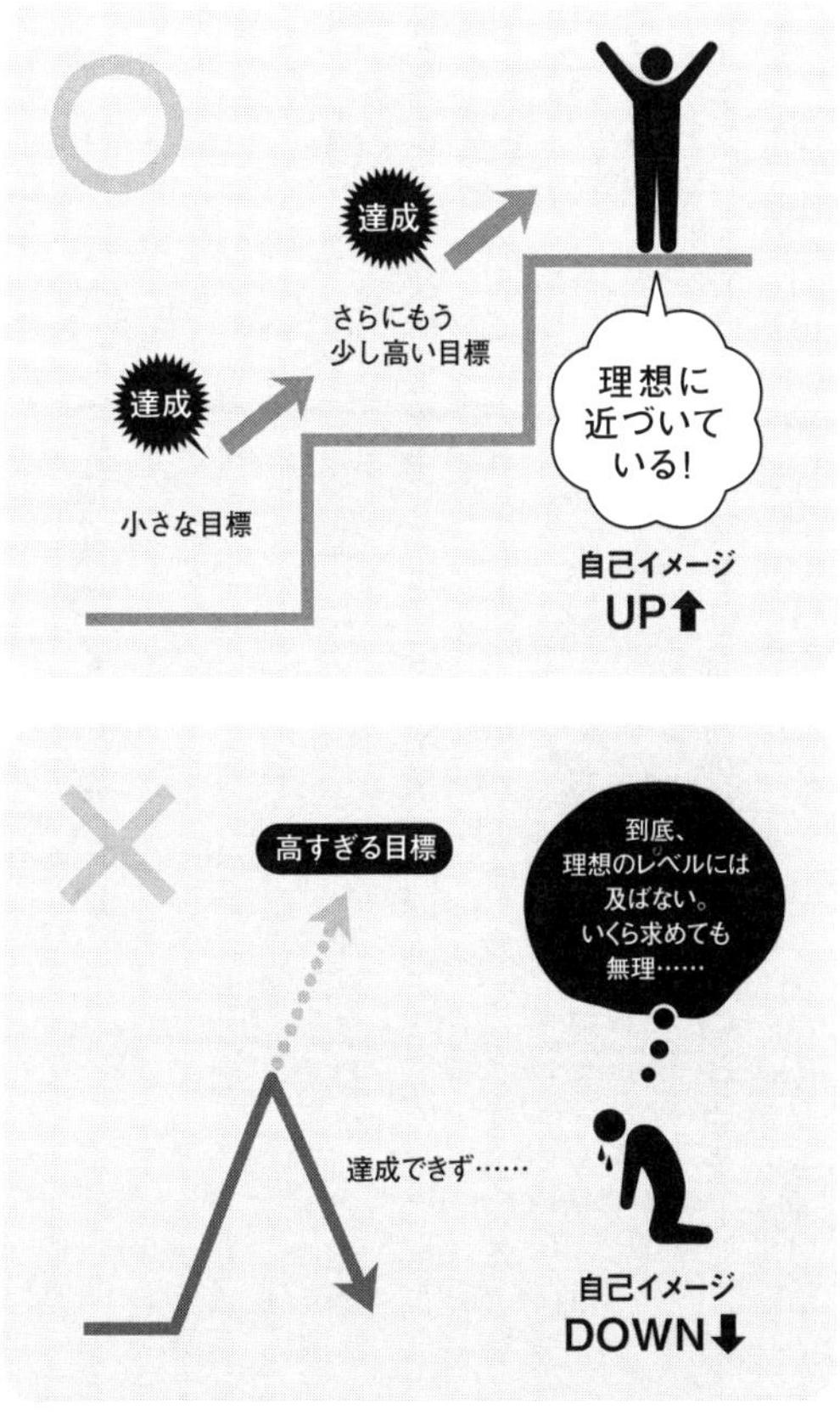
達成
さらにもう
少し高い目標
達成
小さな目標
理想に
近づいて
いる!
自己イメージ
UP
高すぎる目標
到底、
理想のレベルには
及ばない。
いくら求めても
無理……
達成できず……
自己イメージ
DOWN

マイペースに自信をつくればいい

私は『頂点への道』という講座のトレーナーを連続700回、28年間休むことなく続けてきました。その結果、周囲の方々からは、「よくそこまで続けてこられましたね」と評価していただけるようになりましたが、「それしか自分にできることがなかった」というのが正直な気持ちです。

もちろん、研修トレーナーとして納得のいくまでいい仕事をして、お客様に期待以上の喜びを得ていただきたい、という思いが原動力になっています。

しかし、基本的には、目の前の課題に対して「自分ができること」に焦点を当てて懸命に努力してきただけです。

自分なりに一生懸命努力していれば、結果は必ず出ます。いつか誰かが評価してくれるものだからです。

大切なことは、自分らしく目の前のことに精一杯取り組むことでしょう。セールスマン時代には、上司から「セールスしかない人間になれ！」と言われてきました。文字通り、セールスに打ち込みました。いまは、研修トレーナーという職業に命を懸けています。自分なりに長く続けていれば、それが自己評価に変わり、より強固な自信を形成することができます。

人生はずっと続いていくのですから、基本的には、**半歩先の目標でもいいので、確実に達成できる目標を設定するべき**だと思っています。

もし、失敗が許されている場合には、一歩先の目標を定めてもよいでしょう。これは、私がいまの会社を起こした直後に、倒産の危機に見舞われたことから得た教訓です。

当時、横綱千代の富士関の引退にともない、彼の成功哲学を教材にしました。しかし、まったく売れずに約3000セット、金額にして1億5000万円分の在庫だけが残ってしまいました。それが、書き込み式にしていたテキストを使って、トレーナーとしてお客様に直接研修をする、『頂点への道』講座の始まりでした。その後、続けた結果は前述のとおりです。

自信というものは、あなた自身のものですから、焦ることも背伸びすることもなく、マイペースでつくり上げればよいのです。

現実の延長線上に「理想」を置いて、目の前の課題を1つずつクリアしていく。これが目標達成の秘訣ですが、その際、何よりも大切なことは、**自分がコントロールできることに焦点を合わせる**ことでしょう。コントロールできないことにフォーカスすると、自分で超えることのできない壁に直面して、自己イメージを下げかねません。かえって逆効果になってしまいます。

ブリタニカのセールスをしていたころに、この事実を実感しました。商品知識もなく、やみくもに「アポを取れ！」と言われて、電話掛けをさせられました。お客様と面会をしても、知識も技術もなくては成約にはつながりません。最初の1ヶ月間は、売り上げはまったくありませんでした。

しかし、商品知識を身につけ、自分が商品にＹＥＳとなった瞬間から自信が芽生え、お客様に対して強い提案ができるようになりました。伝える言葉にも説得力が増したのでしょう。

自分がコントロールできることとできないことを区分して、できることだけに集中しましょう。そうやって一歩一歩進んでいく感覚を身につけることが、結果的に自信の形成を加速させます。

コントロールできることに焦点を合わせる

5つの分野の目標	○自分がコントロールできること	×自分ではコントロールできないこと
1 生存 目標：		
2 愛と所属 目標：		
3 力 目標：		

5つの分野の目標	○自分がコントロールできること	×自分ではコントロールできないこと
4 自由 目標：		
5 楽しみ 目標：		

過去の成功と失敗の要因を分析する

「逆境は成功と幸せの前奏曲」である。

これは、私がこれまでの人生で身をもって体験し、実感してきた真実です。

目標とは、自分自身が思い描く成し遂げたい未来の出来事であると述べました。つまり、あなたの思考の中にあることを実現しようとすれば、現実との間に生まれるギャップは避けて通れません。しかし、人が成長するのは、逆境に遭遇しているときなのです。

私のこれまでの人生もある意味、逆境の連続でした。

実の母と再会し、一緒に暮らし始めてから、喫茶店のボーイ、バーテンダーなど朝早くから夜中まで体力の続く限り働き続けました。「他人に使われていては、この貧しい状況から抜け出すことができない」という思いから、スタッフが休んだときには、交代を買って出て勤務し、いくつもアルバイトを掛けもちして独立資金を蓄えました。たとえ、同世代の人間が遊びに出かけているようなときでも、食事と睡眠以外は、すべて稼ぐことに専念しました。そこで、資金をつくって母親と一緒に喫茶店を始めたのです。このときも朝7時から午前1時までぶっ通しで働きました。商売は繁盛し、20歳のころに会社を起こしました。そこでの売上は順調だったものの、売掛金が回収できないというトラブルに見舞われて、最終的には3000万円近い借金を抱えることになります。

最悪な状況でしたが、借金を完済するために、ブリタニカでセールスの職業と出会えたことで、私にとって一生の財産ができました。

なぜなら、現在のアチーブメント株式会社を立ち上げた当初、横綱千代の富士関の商品開発で在庫がかさみ厳しい状況に追い込まれたときに、「売る」という選択ができ、『頂点への道』講座につながったからです。

その後も数多くの逆境を経験してきましたが、自分の力で逆境を乗り越え、成功に導いたという突破体験を重ねていくうちに、逆境そのものが好きになってきました。そのときにはなかなか気づけないものですが、思い起こせば、「自分はあのときに大きく成長した」と思えるようになるものなのです。

どんな人でも人生において成功・突破体験はあるはずです。くじけそうになったときは、あなたの人生における一番の成功を思い起こしてみてください。それと同時に一番の失敗も思い出し、そこから得た成果を考えることも重要です。なぜなら**成功と失敗の要因を両方分析することで、あなたの成功のパターンが見えてくる**からです。すると、失敗は貴重な経験に変わります。

あなたが失敗だと思っていることは、なんらかの行動の結果として生まれたものなのですから、そこには、あなたが大切にしたいものを知るヒントが見つかるかもしれません。その経験から学習し、目の前の逆境に立ち向かってください。困難を突破することで、自己愛はさらに強くなるでしょう。

一番の成功

例：営業における目標にしていた年間契約件数の2倍を達成できた

その要因

例：毎朝、早起きして目標達成のためのプランニングをしていたから

一番の失敗

例：大量生産した商品の在庫が残り会社が倒産寸前に追いつめられた

その要因

例：逆境を好機と捉えられず、在庫を生かした別の商法を考えなかった

素直さが成長を加速させる

よい情報に巡り会ったら、素直に受け入れて実践する。これは、圧倒的に成長する人に共通する考え方の1つです。

何を見聞きしても「そんなことで理想を現実にできるとしたら、世の中は成功者ばかりじゃないか」と批判的な見方をしてしまう人は、行動に結びつかず、目の前の現実が変わることはありません。

私は、これまで『頂点への道』講座のトレーナーとして3万人以上の受講生と接してきた経験からも、こうした点を実感しています。人から聞いたことや本で読んだことが自分に有効だと感じたら、「とりあえずやってみよう」と思う。こうした人ほど著しく成長するものなのです。

講演会やセミナーに参加しても、自信がない人や途中で退席しようと考えている人は、後ろのほうの席を選びます。前向きな人は、前列の真ん中で聴くように努めています。そして、共通してメモ魔です。常に新しい価値観を吸収しようと、情報収集を怠りません。

ブリタニカのセールスマンだったころは、積極的な心構えをつくるために、暗示の存在を知り、毎朝、何十回も唱え続けたことで、実際にトップセールスマンになりました。これを「鳥カゴ理論」と言います。

鳥カゴを購入した上で、毎日「私は鳥を飼うぞ！」と言い続けてみます。すると、鳥カゴを手にしたことで、「鳥を飼う」ことが動機づけされて、無意識のうちに「どうしたら鳥が飼えるのか」ということに知恵を絞り、具体的な方法を考えるようになるのです。すると、たとえばボーナスが出た際に、ペットショップで「カナリアをください」と言っている自分がいることに気づくでしょう。

自信がないと、思うように力が発揮できません。消極的に物事を捉えてしまうので失敗がさらに追い討ちをかけてきて、自己イメージを下げてしまいます。成功者は、総じてポジティブシンキングです。思考から行動に移すスピードも速く、行動が思うような結果に結びつかなくとも、体験から学習し、失敗ではなく経験として、新たな行動につなげていくのです。自分に対する自信が、体験を経験として蓄積させる態度をつくりあげていると言ってもよいでしょう。彼らの心構えは、マイナス思考、挫折感を自然と排除するように働いているのです。

つまり、素直な心で情報を仕入れ、さらに行動に移すことによってはじめて成果が得られ、成長も早まります。そのリズムがますます自信を形成していくのです。どんなに立派なアイデアでも、知っていることに満足して頭の中に留めておくだけでは意味がありません。実際に行動に移さない限り、無知であることと変わらないからです。

本書を読んだ方は、この本で知ったことを素直な心で受け止めて、実際に行動を起こしてみてください。行動なくして現実は変わりません。とにかく本書を信じて、試してみてください。そうすれば、少しずつ自信が育まれていくことを実感できるはずです。

「素直な人ほど成長する」

まずは、この事実を信じて行動を起こしてみましょう。やってみれば、必ずなんらかの結果を実感できます。現に私は本書の内容を続けることで、大きな自信を培ってきました。

理想を現実化する「鳥カゴ理論」の仕組み

〈 動機づけ 〉

暗示が動機づけとなり、
無意識のうちに鳥を飼うための方法を考え出す

〈 理想の具現化 〉

第3章

自信を培うパターンをつくる

［実行］

習慣を形成する

努力よりも正しい選択を優先する

「自信がない……」

「どうせ、自分にはできっこない……」

こんな風に足踏みしていては、「一生折れない自信」は形成されません。かといって、やみくもに行動すればいいかと言えば、それも違います。

自信をつけるために重要なことは、**「選択」**と**「選別」**です。努力よりも正しい選択を優先すると表現してもよいでしょう。

私たちは、「今、このときに何をするのか」を選ぶことができます。目標達成に向けて、もっとも効果的に自分のエネルギーを発揮するためには、計画が欠かせません。そして、計画を立てたら、今すぐに実行しましょう。

役立つ情報を選択・選別し、しっかりとした計画を立てる。そして、すぐ実践に移す。これがあなたの自信形成や成功につながります。

そもそも、目標はあなたのエネルギーを集中させるためのものです。どんなに立派な目標を掲げても、現実的な計画がともなわなければ、成果には結びつきにくいでしょう。思うような成果を得られなければ息切れしてしまい、自己イメージを下げてしまったり、現実に言い訳をしたりするようになりかねません。

たとえば、結婚相手を外見で選ぶ人は多くいますが、私は、パートナーの選び方としては、間違った選択をしていると思います。優先するべきは価値観でしょう。外見は時間の経過とともに変わってしまいますが、元々の価値観は大きく変わりません。価値観の異なる人と長く一緒にいたいとは思わないでしょう。

私たちが直面する現実は、過去に判断をした自分の意思決定能力の結果だということを理解することが大切です。

私がセールスマネジャーをしていたときのことです。入って数ヶ月の新人が相談にきました。話を聞くと、他の人よりも倍近く働いているのに、成績が上がらないという悩みを抱えていました。私は、彼の時間の使い方を確認しました。すると、顧客のアフターサービスや雑務に多くの時間を取られていて、成果に直結する「商談」や「アポ取り」の比重が低かったのです。私は、すぐにその点をアドバイスしました。それから、彼は常に自分の時間の使い方を考えて行動し、3ヶ月後には社内でトップクラスの成績を収めるまでになったのです。

目標を達成している人は例外なく、やらなければならないことを、やらなければならないときに実行しています。今一度、あなたがどんなことに時間を費やしているのかを確認してみてください。そして、次頁のワークにあなたが自信を形成するために立てた目標の達成に必要なことをリストアップしてみましょう。それを毎日少なくとも1度は確認をしてください。あなたの行動力は、みるみる高まっていくでしょう。

目標を達成するための実行リスト

目標達成のためにやるべきことはいますぐに実行する
よい情報はすぐにメモしよう

■情報メモ		■行動メモ
例：トップセールスからお薦めのセミナーを紹介された	➡	例：今すぐに席を予約するぞ！

行動は感情に先行する

上司とカラオケに行ったときに、上手い下手ではなく、自分の歌唱力を精一杯発揮しようとする部下は将来性があると言われました。真剣に遊べるのは、仕事においても同じだということなのでしょう。

私も「武士は刀を枕元に置いて寝る。自分はセールスキットを置こう」と枕元には、いつもセールスキットを置いていました。一見、セールスの成果には結びつかないような気がしますが、そこまでしているセールスマンはほとんどいませんでした。これほどまでに努力をしているのだから、必ず売れるという暗示を自分にかけていたのです。また、セールスキット自体もカバーを豪華に見えるように革製に変えたり、アファメーションになるような絵を入れたりして常にカスタマイズしていました。それぐらいセールスに対して真剣でした。

セールスマンにとって一番の障害は、断られることへの恐怖です。拒否されることによって自己概念が下がり、次のアクションができなくなってしまいます。

販売心理学では、自尊心（自己概念）と拒否への恐怖心は反比例していると言われています。つまり、自尊心が高まれば、拒否への恐怖心は弱まり、積極的に行動ができるようになる。逆に自尊心が低くなると、拒否への恐怖心が高まり、消極的になってしまうということです。この恐怖心を克服し、パフォーマンスを向上させるために、自己暗示が有効なのです。

さらに先のステップとして、**行動は感情に先行する**ということがあります。たとえば、笑うだけで楽しい気分になってくるという経験はないでしょうか。これは、少しずつ小さな目標を積み重ねて、自己イメージが上がってきたときに、それを維持する方法としても効果的です。

また、目標を毎日見ることは、達成できたときに努力している自分自身をいっそう承認することにつながります。

123頁では、誰でも簡単にできる自己イメージを高めるアイデアを列挙しました。実際に講演やセミナーで教えているものです。ここに書かれていることを実行すれば、あなたの自己イメージは高まります。

まずは、自信を培うための行動を意識して、少しずつでも成し遂げていきましょう。自信がないのであれば、このリストの内容から続けていけそうなことをピックアップして取り組んでみてください。

大事なことは、人から言われたことではなく、自分で決めたことを自分の力でやり遂げることです。これに限らず、有効だと思いついたことをぜひ実践してみてください。

自己イメージを高める20のアイデア

✓ いくつ当てはまりますか？　できることから始めよう

- □ 外見を整える。よい物を持つ
- □ 身体を清潔にする
- □ 笑顔と賞賛を贈る人になる。肯定的なフィードバックの名人になる
- □ いつも周りの人に心配りをし、感謝の気持ちを忘れない
- □ 付き合う相手を慎重に選ぶ
- □ 自分の長所を書き出したカードをつくる
- □ 過去に成し遂げたことを書き込んだ成長（勝利）リストをつくる
- □ 悪い影響を与える映画や本から身を避ける。読んだり、観たあとに自己嫌悪に陥るものには近づかないようにする
- □ 失敗を乗り越えて、成功した人の体験談を聞いたり、その人の自伝を読む

- □ よい仲間とともに、「ありがとう」と
言ってもらえる活動をする。
貢献の人生を送る
- □ アイコンタクトを大切にする
- □ 自分に正直に生きる
- □ 毎日、アファメーション（自己暗示）を実践する
- □ 仕事に対して、大義名分のパワーをもって取り組む
- □ 身の周りの整理整頓を徹底する
- □ 毎日、小さな成功を積み重ねる
- □ 自分との約束を守る
- □ 成功者と付き合う。
成功者には成功する理由がある。
それを知る、学ぶ
- □ セミナーに参加する。
教育とは自分への投資である
- □ 人生の意味、目的から外れないように行動する

人生を戦略的に考える〝時〟をもつ

過去の失敗がトラウマとなり、何をやってもうまくいきそうな気がしない……。

このように思っている人にぜひやってもらいたいのが、自分なりの「成功パターン」をつくることです。

成功パターンをつくるために有効なのは、早起きです。早く起きて何をするかと言えば、未来に対するイメージングをおこないます。

私は、翌日着ていく洋服も前日の夜に考えておきます。朝7時には、秘密のカフェに行って、手帳を見ながらスケジューリングするのが習慣になっています。

手帳は次の順番で確認していきます。

「人生の目的」

↓

「人生ビジョン」

↓

「目標」

↓

「計画（長・中・短期）」

↓

「今日やるべきこと」

重要なことは、**人生を戦略的に考える〝時〟をもつ**ということです。そのために、1日の始まりである朝は適切なのです。そして、その日のタスクをすべて完了したら、夜、湯船に浸かりながら、1日を振り返ります。そこですべてを洗い流して一切を引きずらないことも大事です。さらに早起きは、小さな目標を達成し続けることになるので、自己イメージが高まります。

大切なことは、ここまでベストを尽くしているのだから、うまくいって当たり前と思えるようになることです。そのためにも、早起きは有効なのです。

私自身もトップセールス、トップマネジャーというタイトルよりも、そこで得た自信がいまも人生を支えてくれていると実感しています。セールスマン時代には、朝6時から仕事をスタートさせていました。

お客様と朝食を摂りながら、商談をしてオフィスへ出社。午前10時には、その日のアポ取りを完了し、1日最低3名にプレゼンテーションをしていました。

このように1日のスタートを早く切ることで、リズムが生まれてきます。スローなテンポでは、感情が重たくなり、トークの乗りも悪くなります。

たとえば、飛び込み営業をして顧客が不在だと、ひどい場合には「留守でよかった」と安心するようになってしまいます。

しかし、リズムよく軽やかな気分であれば、トークの切れもよく、自然と商品の魅力をどんどん売り込んでいけるのです。

毎日の生活をパターン化し、リズムよく1日を完結していくことで、自信は積み重ねられていきます。

誰も
出てこなくて
よかった
スローなテンポになると感情も重くなる

資料を渡すだけでも
お願いできませんか？
ぜひ、ご挨拶だけでも
させてください
リズムがよければ積極性も高まる

1日の質を高める方法

熱心に続けることで、いつかは効果が出るという間違った信念を捨てましょう。でなければ、自信は折れてしまいます。

私たちが選択する行動には、目標達成に効果のある行動とない行動があります。報われない行動は最大のフラストレーションをつくり出します。

幸せ（Happiness）は、プライベートの充実にあります。ウォーレン・バフェット氏は、「成功者とは、自分が愛されたいと思っている人から愛されている人」だと述べています。決して、お金持ちが幸せであるとは言っていません。

私は幸せになるために、2つの心をもてるような生き方をすることが大切だと思っています。1つは、高いレベルの自己イメージ。自分には価値がある。自分は本当にこの世に生まれてきてよかった。人の役に立っているし、必要とされているという自尊心です。もう1つは、自分は人に愛されているし、愛していると思える心です。

一方、成功（Success）は、仕事での成果と密接な関係があります。収入には、お金のためにした仕事で得られるものと自己実現を極めて得られるものの2種類があります。

超一流と言われる人たちは、総じて歴史を塗り変えるくらいのパフォーマンスを生み出してきました。私は、5つの基本的欲求に従ってバランスある成功を推奨していますが、大抵は仕事で成果を出せていないときに自信がなくなります。

私の座右の銘は、内村鑑三氏の「一日一生」です。1日だけでかまわないので、自信を保つことに集中しましょう。

まず、あなたの目標を達成するために「今日やるべきこと」をリストアップし、優先順位をつけましょう。134頁のとおり5つに分類できるはずです。（後ろになるほど、優先順位は低い）

そして、勤めている「会社」「職業」「商品」「自分」の4つに自分がどれだけ自信をもっているのかを自己評価してみてください。「今日やるべきこと」はこの4つの自信を高めることでしょうか？ まずは1日だけでも4つの自信を保てるような目標を設定してください。あとは優先順位の高いものに集中し、1日を精一杯走り切るだけです。

私は、会議も朝早くから始めます。社長室から社内のトイレへ行くときも走っています。夜は大体、人に会うことにしています。月曜日の夜は、早く帰って息子と遊ぶ。夜寝る前には1日を振り返り、その日に達成したこと、もっとうまくできる方法はないかを考えます。そして、今日のことは今日の反省としてすべて水に流します。1日を完結しているのです。

あなたの頭をナビゲーションシステムにし、どうしたら一刻も早く目的地（達成）へ近づけるのか。常に考えましょう。アポイントが入っていれば、そこでどういう成果を得たいのか、すべて**目標達成から逆算した優先順位づけ**をするのです。

〈「今日やるべきこと」の優先順位〉
(❶から順に低くなる)

❶ 絶対にやるべきこと

❷ やるべきこと

❸ やったほうがいいこと

❹ 他の人に頼めること

❺ 無意味なこと

1日の始めに
目的・目標に
照らし合わせて
「やるべきこと」を決める

〈 仕事に求められる4つの自信 〉

1日の始まりに保てているかチェックしてみよう！

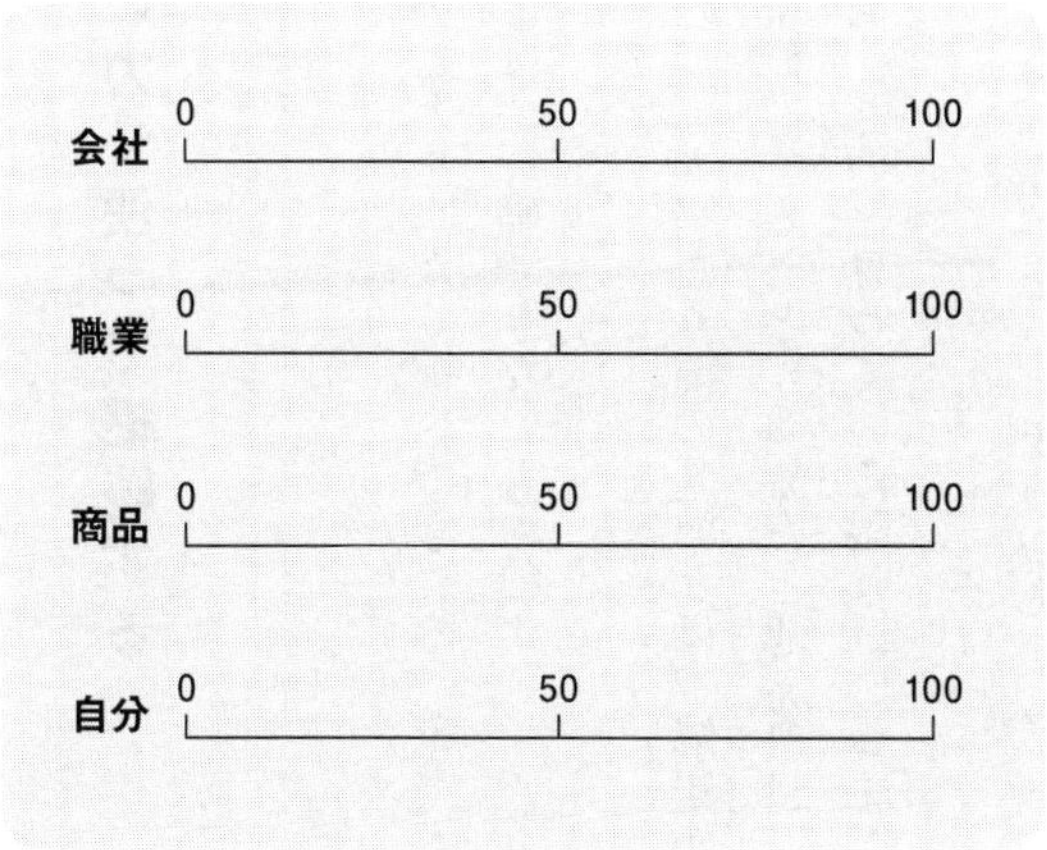

1日の終わりに棚卸しをする

❶ 何ができたか？

❷ もっとうまくできる方法はなかったか？

期待の力を使って継続する

当たり前のことを当たり前にできれば、誰でも自信がつきますが、思ったようには、行動できないものです。

その人にとっての当たり前の基準とは、解釈からきています。毎朝、目的・目標を確認することが重要だと思えれば、当たり前にできます。反対に、面倒くさいと思っている限りはいつまでたっても行動につながりません。

解釈は、求める心がないと変わりません。「こうしたい、ああなりたい」という純粋な思いが、内側からあなたを動機づける原動力となるのです。

つまり、何か行動を起こし、それを続けるための秘訣は、**自分自身に対する期待の力**を利用することです。自信をつけるために、目標を設定し、「なんとか続けよう」と必死に頑張っていても、多くの人が挫折してしまうでしょう。意志の力はそれほどまでに弱いものです。すると、自己信頼感はますます下がっていきます。

歯磨きをするように、毎日の生活のなかで、目標の設定と確認が習慣化されれば、自然と自信構築のための行動が継続できます。

もし毎朝、早起きするのが難しければ、前日より5分でよいので早く起きてみてください。翌日は、もう5分。その翌日はもう5分というように、積み重ねれば1週間後には30分早起きができるようになります。

早起きするだけでも自信を育むことができます。そして、行動を続けながら、目的・目標を再確認することで信念にまで強化されるのです。詳しくは前著に書きましたが、最終的には信念の力で自分を信じて、ずっと先までチャレンジしていくことができます。

本項の最後に、よい目標の8つのポイントを挙げました。1番目に「本当にそれを望んでいること」が条件となっていることに注目してください。

これを参考に、将来のあなた自身のなりたい姿をイメージし、期待をかけて自信を築くための行動をリストアップしてみましょう。そして、毎日その行動が満足にできたかどうかを、○△×の3段階で自己評価します。○の数が多ければ多いほど、当然、自己承認につながりますから、自信は強化されるでしょう。肝心なのは、可視化することです。

人は、自分が成し遂げたことの延長線上には、自信をもつことができます。パターンとなっているイメージがある世界ならば信じられるからです。

自分への期待は、強ければ強いほど、明確であれば明確であるほど効果が発揮されます。なぜなら、願望は強ければ強いほど、その分、自己評価が強く起こるので行動変容が促進されるのです。

〈よい目標の8つの条件〉

❶ 本当にそれを望んでいること

❷ 長期目標と短期目標に一貫性があり、
大きな目的につながっていること

❸ 社会正義に反していないこと

❹ 達成すべきことを具体的に述べ、
すぐに行動に移せること

❺ 定量化できる目標にすること

❻ 肯定的なものであること

❼ 自分のレベルに合っており、
現実的でかつ挑戦できること

❽ 期限を切ること

〈 行動習慣チェックリスト 〉

○満足（できた）　△やや満足（部分的にできた）　×不満足（できなかった）

1	朝6時に起床する	1	2	3	4	5	6	7	8	9	10	
		11	12	13	14	15	16	17	18	19	20	
		21	22	23	24	25	26	27	28	29	30	31
2		1	2	3	4	5	6	7	8	9	10	
		11	12	13	14	15	16	17	18	19	20	
		21	22	23	24	25	26	27	28	29	30	31
3		1	2	3	4	5	6	7	8	9	10	
		11	12	13	14	15	16	17	18	19	20	
		21	22	23	24	25	26	27	28	29	30	31
4		1	2	3	4	5	6	7	8	9	10	
		11	12	13	14	15	16	17	18	19	20	
		21	22	23	24	25	26	27	28	29	30	31
5		1	2	3	4	5	6	7	8	9	10	
		11	12	13	14	15	16	17	18	19	20	
		21	22	23	24	25	26	27	28	29	30	31
6		1	2	3	4	5	6	7	8	9	10	
		11	12	13	14	15	16	17	18	19	20	
		21	22	23	24	25	26	27	28	29	30	31
7		1	2	3	4	5	6	7	8	9	10	
		11	12	13	14	15	16	17	18	19	20	
		21	22	23	24	25	26	27	28	29	30	31
8		1	2	3	4	5	6	7	8	9	10	
		11	12	13	14	15	16	17	18	19	20	
		21	22	23	24	25	26	27	28	29	30	31

暗示の力で思い込みを変える

自分自身への期待は態度となって表れます。態度が現実を決定します。何度も述べたように、自信とは「思い込み」です。どうしても自分への期待などもてない、自信がないというのであれば、「暗示」の力を活用しましょう。

セールスマン時代の私は、いつも胸ポケットにレコーダーを忍ばせていて、尊敬する上司の発言をことある毎に録音していました。

「顧客の物の見方、考え方を変えさせることがセールスマンの仕事だ。

否定を肯定にチェンジさせることができれば、その顧客はきみの商品のお得意さんに必ずなるものなんだ」

夜、布団に入ってこうした言葉を聴きながら眠りについていたのです。


また、仕事が終わってからでも、マネジャーが終わりにしようと言うまで付きっきりで、マンツーマンのセールス・クリニックを受けていました。

セールス活動の成功は、80％がセールスマンの態度によって決まると言われます。セールスの仕事では、自分に言い訳を許すとますます落ち込んでいきます。私は、上司の言葉を借りて自分自身を洗脳していたのです。

日本ではセールスと聞くと押し売りなどマイナスのイメージを抱く人もいますが、アメリカのプロセールスは、職業を聞かれたときに「セールスマンです」と堂々と答えます。前掲した4つの自信は、これが顕著に表れます。

決して悪意があって例とするわけではありませんが、タクシードライバーという職業は、「運ちゃん」という言い方もできます。自分をしがない「運ちゃん」だと思うのと、人の命を預かる尊い仕事に就いていると自覚するのとではお客様に対する姿勢はまったく異なるでしょう。

私の仕事も「人材育成トレーナー」と言うと誇り高い仕事のように思えますが、「セミナー屋」と言われると自己イメージが下がります。同じ職業でも呼ばれ方でイメージは変わるものです。仕事に対する健全な職業観をもつことで、その一員であることに自己承認ができるようになるはずです。

自分の職業に対する物の見方を変えるためには、すでに自分の仕事や職業で成功している人たちの言葉を聴き、自分が取り組んでいることに意義や意味づけをしましょう。

そのような人たちが、近くにいないのであれば、147〜148頁のアファメーションを実践してみてください。私のセミナーで実際に教えているものです。肯定的な暗示は自己イメージを高め、プラスの思い込みへと導いてくれます。**プラスの言葉を自分に打ち込むことで、内言語（表面には現れない自分の中の言葉）となって、いまのあなたの解釈をつくっているマイナスの思い込みをプラスに転換させます。**

私は出社する車中でアファメーションCDを聞いています。

騙されたと思って自分に暗示をかけ続けてみてください。肯定的な暗示やプラスの言葉を頭の中で反芻しながら、実際に口に出すことで、不思議と力が湧いてきて、だんだんと「できる」と思える自分に生まれ変わる感じがしてくるでしょう。

アファメーションは自分なりにアレンジしたものを使用していただいてもかまいません。毎日最低でも1回はこれらを読み上げ、自信をもって1日を乗り切っていきましょう。

暗示の力を利用して思い込みを変える

〈その❶ 積極宣言〉

私はいかなるときも与えられた仕事に

全力投球する

私は常日頃考えている人間になる

私は人生に最善を求め、最善を期待する

私の収入は私が提供する

サービスの量に比例して増える

今日、私は自分がなりたい人間のように

振る舞い、行動する

私は成功するためにこの世に生まれてきた

私は幸福になる権利をもっている

私は必ず自分の夢を実現し、

貢献の人生を生きることを誓う

〈その❷ 成功の詩「私には価値がある」〉

私には価値がある
私には無限の英知と知恵がある
私は自分の可能性を信じる
私は自分をこの宇宙において、
唯一無二の存在と認め、自分の中に、
この宇宙の無限のエネルギーが
内在していることを信じる
私は成功するためにこの世に生まれてきた
私は幸福になるためにこの世に生まれてきた
私は成功のための条件をすべて内に備えている
ちょうどダイヤモンドが、研磨される前にも
ダイヤモンドとしての存在価値があるように、
私も私自身の存在価値を承認する
私は価値のある人間だ
私は素晴らしい人間だ
私は自分を愛する
私は自分を大切にする
私は自分を最高最大に生かし切ることをここに誓う
死を迎えたときに、私は私に対して
“よくやった”と言えるような人生をまっとうする
なぜなら私には価値があるからだ

まずは3日間続けてみよう

自信は工場で製造するようにつくり出すことができます。ポイントは、自分の器にあった成功を積み上げていくことです。大きな成功も小さな成功も成功には違いありません。小さな成功が集まれば大きな成功になります。

もし、今確信がもてるのであれば、高い目標を目指してください。

もし、今自信を失っているのであれば、大きな自信を突然つけようとするのは愚の骨頂です。リハビリテーションには、リハビリテーションの目標があるように、現実の延長線上に理想を描きましょう。

私も自分なりのペースで経営をしてきました。子どもの運動会にはすべて参加し、3ヶ月に一度は海外旅行へ行きます。自分のペースを保ちながら、人材の育成に注力し、成長具合を見て拡張してきました。画一的に伸ばすことも可能でしたが、このやり方が、適度な成長を続ける最善の方法であったと思っています。なぜなら私にとって今日までは犠牲ではなく、充実した35年間であったと実感できるからです。

無理をしすぎると病気になったり、結局は遠回りになってしまいます。前述した千代の富士関の引退記念プログラム販売では、発表後6年間苦しむことになりました。人間には、自分の器があり、事前対応して専門家の力を借りなくてはならないと身に沁みた出来事でした。

昔から三日坊主と言いますが、小さな成功を積み上げる最初の継続目標は、3日間です。**3日、3週間、3ヶ月、3年、30年**で完成します。

私の研修も3日間で1回のプログラムになっています。そして、3ヶ月後に再受講をしていただきます。1年目は、3ヶ月毎に、2年目からは1年毎に再受講を繰り返していただき、3年間で完了です。3日間を割くのは、忙しい現代のビジネスパーソンには、非常に困難なことかもしれませんが、上場企業の経営者の方も受講されています。もし、3年間継続できそうにない場合は、はじめからご契約をお預かりしません。

まずは3日間辛抱してみましょう。なんでもかまいません。自分なりの行動目標を立てて、3日間頑張れたら、3週間辛抱してみてください。次は3ヶ月間です。

研修トレーナーとして30年以上研修をしてきた結果、この周期が最適であると導き出しました。

私の経験上、人は3ヶ月以上同じことを続けるのが難しい。だから、3ヶ月を迎えたら一度振り出しに戻ります。そして、もう一度、3日、3週間、3ヶ月と続けていきましょう。このようにパターン化することでリズムが生まれ、続けることが楽になります。

154頁の図を見てください。1日、1日は小さな三角形にすぎません。しかし、それを積み重ねることで大きな三角形の一部になっていきます。こうして三角形を大きくする感覚で取り組んでみてください。

大切なのは、自分で自分に課題を与えることです。「やらされ感」があるまま失敗すると落ち込みます。自分の中の内発的な動機づけによって達成したときにはじめて、人は自信を形成することができるのです。

3日、3週間、3ヶ月能力開発プログラム

・自分自身で目標を設定する

・まずは3日間続けることでやがて
　大きな自信が形成される

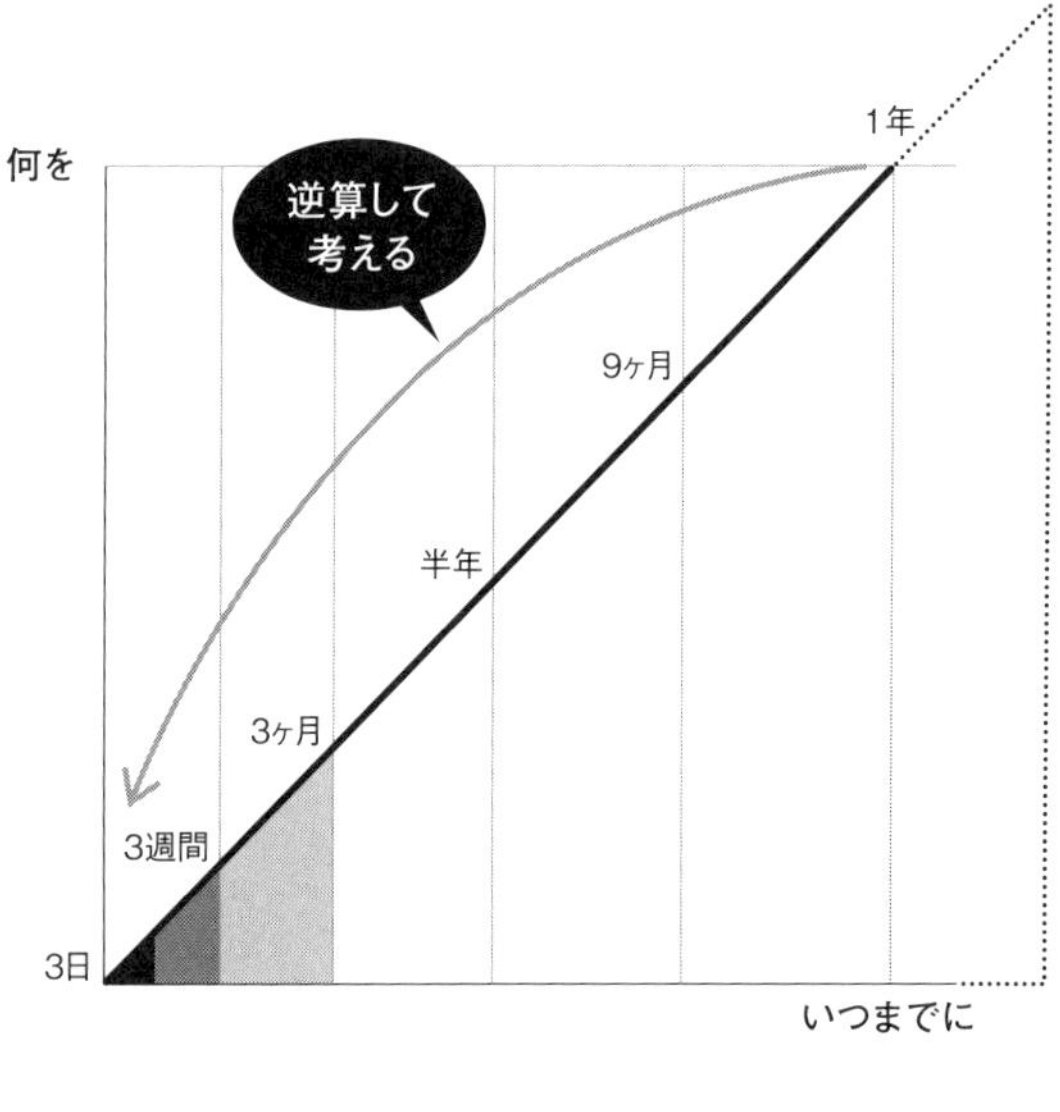

自分が成し遂げてきたことを知る

プラスの動機づけは行動を推し進める原動力になります。たとえば、禁煙を目標として次の方法で記録をつけていく場合、どちらが効果的でしょうか？

①「1日に減らしたタバコの本数」を記録する
②「1日に吸ったタバコの本数」を記録する

答えは①です。②は振り返ったときに「また吸ってしまった」という自責の念に駆られてしまいます。①は、「昨日よりもまた1本多く吸わなかった」というプラスの動機づけが生まれます。禁煙という目標に向かって少しずつ歩んでいる実感が得られるのです。

こうした感覚は自信形成の元になります。なぜなら、私たちが頭の中に入れる情報が思い込みをつくっているからです。

私は、息子へ常日頃、「勝たなくていいから強くなれ」と言い聞かせています。なぜなら、勝つことを考えると負けそうなことをやらなくなります。しかし、「強くなれ」と言えば、失敗するから強くなるという定義に変わり、恐れがなくなるのです。

私たちが触れる情報は、私たちの意識下にあるプログラムにすべて記憶されていきます。一見、ポジティブなようで、実は自信がまったくないという方は、潜在意識に否定的な思考が根づいてしまっている可能性があります。ですから、行動を起こす段階からプラスの動機づけをしていくことが大切なのです。

そのために、まずは、人生の棚卸しをしてみましょう。これまで自分が成し遂げてきた体験を整理した**成長（勝利）リスト**の作成です。記録するのは、よいこと、プラスの事柄だけです。成功・突破体験だけを書くようにしてください。

仮にマイナスの要素ばかりが思い浮かんでしまうのであれば、知らないうちに意識下で否定的な思考に囚われてしまっているのかもしれません。

決して過去の犠牲者になってはいけません。潜在意識にまで根づいた否定的な思考を取り除くには、過去に対する観点を生き方で変えるしかありません。自分がコントロールできることとできないことを区分し、できることだけに自分のエネルギーを集中させていきましょう。

だから、書き出すことに意味があります。誰にでも成功・突破した経験はあるはずです。どんな小さなことでもかまいません。どんなにささいに思える成功・突破体験でもきちんと書き留めておきましょう。それらは、振り返ったときに、あなたに対して必ず肯定的な感情を引き出してくれるはずです。

記憶が感情をつくり出します。あなたの記憶を成功体験でいっぱいにする生き方を実践しましょう。

成長（勝利）リスト

例：中学校３年生のとき中間テストで100点をもらった。
両親にほめられてうれしかった

成功者に学ぶ

一流と言われる人たちに共通しているのは、自分自身を肯定し、積極的に人生を切り拓いていこうというあくなき向上心と素直さをもっていることです。主体的に何かを学びとろうとする姿勢は、問題意識の源泉となります。

私たちが直面する問題の多くは、すでに先人たちが悩み、解決に取り組んできたものばかりです。現状を打破していくためには、こうした先人の知恵を積極的に取り入れていきましょう。それらは、あなたの**生きる力を養う**ことにつながります。

何をやってもうまくいかない場合には、その分野のスペシャリストから話を聞いたり、そのような人が近くにいなければ、書物から情報を仕入れましょう。自分が原則から外れていないかを確かめるのです。自分1人の世界で思い悩んでいても問題は解決しません。自信はいつまでたってもつかないでしょう。

常日頃、学び続ける姿勢は大切です。次にそれを養う実践方法を挙げます。

・読書の習慣をもつ
・目指す専門分野で成功している人と付き合う（できる限り業界のべ

スト）

・通信講座を受ける

・毎日2つの質問をする（何ができたか？　もっとうまくできる方法はなかったか？）

・5つの欲求分野それぞれにメンターをもつ

・あらゆることを鋭く観察する。人を見るときには深く行動を見る

・自分の職業を自己開発と位置づけて徹底的に専門性を高める

・セミナーに参加する

すべてをいきなりやろうとする必要はありません。自分にできることから少しずつ実践していきましょう。原則中心に歩んでいれば、自信をつける行動がいつか必ず実を結びます。

成功者は世の中にたくさんいます。その人たちをお手本に謙虚に学

ぶ姿勢をもって多くのことを吸収してください。

しかし、情報を仕入れただけでは変わりません。どんなに権威のある書物でも人を変えることはできません。おそらく本書を読まれても本当に「一生折れない自信」を手にする読者の方は5％にも満たないかもしれません。

情報は、あなたが行動を変える選択をするために得るものです。

成功者から情報を仕入れ原則中心の生活を送る

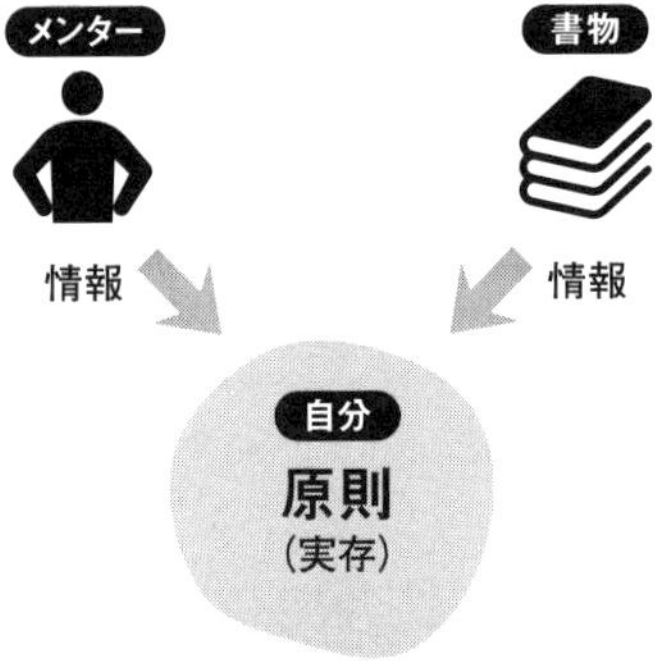

学びを深めるためにいまからできること

-
-
-
-
-

当たり前のことを当たり前にすれば、必ず自信が培われていきます。自信形成を追求するために、どうしても身につけなければならないことは、パワーパートナーの協力を得ることです。

パワーパートナーをつくる20のアイデア

パワーパートナーとは、自分の人生に明確な目的をもち、その目標達成のために最善を尽くしている人です。あなたが成功させたい人で、その人の成功があなたの成功となる人とも言えます。

周りがよくならないと自分自身の繁栄もないのが原理原則です。たとえば、私の場合には、会社の事業を通して社員が自己実現できるような仕組みづくりを意識して経営をしています。ですから、社員育成が最優先事項です。もっとも時間とお金を使っています。

このパワーパートナーの大切さは、ブリタニカ時代の上司が教えてくれました。優秀なセールスマンは必ず自分からギブ（Give）をします。「この人に誰を紹介したら喜んでくれるのか？」といったように相手の立場に立って物事を考える習慣をもっています。すると、相手から「自分の願望に焦点を合わせてくれている」と思ってもらえるので、お互いの願望を一緒に成就しようということになるのです。

夫婦であれば、夫婦生活を生き物のように捉え、大切に養っていく考え方がうまくいく秘訣です。多くの人が、仕事、子ども、親、配偶者の順で考えます。これからは、自分の健康、家族、仕事の順番で考え、インサイドアウトの生き方を実践していきましょう。

賢く自信をつけていくためには、人の力を借りて、相手とともに生きることです。世の中には、けちな人がたくさんいます。タダで人を使おうとする人があまりにも多い気がします。時間とお金は、パワーパートナーのために優先して割かれるべきです。周りの人へ十分なお返しをしましょう。

私は、社員全員と社員の配偶者の誕生日にはメッセージカード入りの生花を贈ることにしています。子どもがいる場合には、図書カードを贈っています。メッセージには、「○○ちゃんも大きくなったらお父さんやお母さんのようにみんなに必要とされる存在になってくださいね」と書かれています。配偶者の場合には、「奥様（ご主人）の支えがあって、ご主人（奥様）は頑張ってくれています」と添えています。

いまは、社員が200名を超えてきて、1ヶ月の花代だけで数万円、お客様や友人を含めれば数十万円がかかっていますが、家庭内で社員の活躍が話題になることは非常に大切だと考えています。

私自身もはじめはまったくパワーパートナーと呼べる人がいませんでした。ただ、人生において目的や目標をもった誠実な人との関係を深めようと、相手の願望に応え続けていくことで自然とパワーパートナーは現れるでしょう。これは、自信形成への道を開く1つの秘訣です。

人それぞれの性格はありますが、誠実な人であれば、間違いなく、あなたの人生にプラスの影響を与えてくれます。そしてあなたも誠実であることが大切です。誠実さを補うスキルはありません。

パワーパートナーをつくる20のアイデア

いくつ当てはまりましたか？

- □ 長所を見つけ、いつも個人的に承認する
- □ 話は最後まで聞く
- □ 真心で接し、
  成功するまで最大最善の協力を惜しまない
- □ 約束を守る。できない約束をしない
- □ 面倒を見る
- □ 求めている情報を与える
- □ 楽しませるユーモアのセンスを磨く
- □ 強制しない
  ○ 強い提案 → 相手の願望に働きかける
  × 強制 → 相手の願望にないものに働きかける
- □ 怖じけさせない

- [ ] 誕生日にプレゼントを贈る
- [ ] 記念日を覚えて、花を贈る
- [ ] 誠意を行動で表す
- [ ] 温かい思いやりのある態度で接する
- [ ] 微笑みを絶やさない
- [ ] 相手が大切にしている人に配慮を示す
- [ ] 批判をしない
- [ ] 家族ぐるみで付き合う
- [ ] 親切にする
- [ ] ほめる（過去形）　励ます（未来形）
- [ ] クオリティタイムを過ごす

人間関係を築く7つの習慣

先に挙げた「パワーパートナーをつくる20のアイデア」はある1つの価値観からきています。それは黄金律です。言い換えると、「何事でも人々からしてほしいと望むとおりのことを人々にもそのようにしなさい」という考え方です。

たとえば、重力は、アフリカであろうと南極であろうと働いています。このように黄金律も目には見えないけれども世の中で働いているものです。

ブリタニカ時代も生き残れるかどうかは、人の力を借りられるかどうかにかかっていました。狩猟型のセールスをする人間は、結果として脱落していきました。

誠実さを補うスキルはないという話をしましたが、誠実さとは非常に抽象的な概念です。具体的にはどういうことかと言うと、約束を守ることです。約束を守る人間は自信が折れません。誠実であり続けるために人間関係を築く7つの習慣を本項の最後に記しておきます。

もし、これとは反対の「批判する、責める、文句を言う、ガミガミ言う、脅す、罰を与える、目先の褒美で釣る」といった行為をすると人間関係に葛藤が生まれます。葛藤が生じると、そこから苦痛感情が引き起こされ、相手を願望から閉め出そうとしてしまいます。これが、離婚や非行化の原因です。

当社の受講生で、あるトップセールスマンの方は、奥様が病気で入院をされていたなかで、収入が安定しないフルコミッションセールスの世界への転職に踏み切りました。リーマンショックの影響によって、多くの同僚が独立、離職していく状況でも、家族や会社への義理を果たすために、いまの会社で成功しようと留まり、日本でも有数の成績を残されています。

私は、セールスマンシップとリーダーシップは同義語だと思っています。大切にしなければならないことは、**相手の立場に立って、相手の望みを叶えることを自分の望みとすることです。これは絶対に負けない戦略**とも言えるでしょう。黄金律を守ってさえいればよい人間関係は必ず育まれていきます。

相手の存在にフォーカスし、尊重することが人間関係を築いていく基本です。相手の願望が何かを見抜き、願望に合った関係を築いていきましょう。

できるだけ質の高い人と知り合い、行動する。仕事ができる人と付き合う。これらのことにより、よいアイデア、よいヒントが得られます。それがあなたの未来です。

ピークパフォーマーと付き合うことで、将来あなたもピークパフォーマーになれるのです。逆に成績の悪い人間と付き合うと成績は悪くなります。

しかし、どんなにこちらから人間関係を築こうとしても選ぶのは相手だということは忘れてはいけません。よい人と交流するために、7つの習慣を心がけましょう。

人間関係を築く７つの習慣

1 傾聴する

2 支援する

3 励ます

4 尊敬する

5 信頼する

6 受容する

7 意見の違いについて交渉する

富を築く考え方

本章の最後に「物心ともに豊かな人生を送るため」の発想法を紹介します。実際に、セミナーで受講生の皆さんにお伝えしている内容です。自己開発する際には、大切な考え方です。次の解説文は181頁の項目を順に説明したものです。少しずつ自分のものにしていってください。

❶負荷を与えなければ成長はなく、成長のないところに成功はありません。成功は成長の果実。苦しいことも成長の機会、訓練と捉

え、何事も前向きに取り組んでいきましょう。

❷あらゆる生き物は、逆境のときに成長します。自分の理想を目指し続けていると逆境に必ず遭遇します。しかし、逆境には成功の種が隠されています。逆境を辛いと感じず、成長する発想をもてれば成功します。

❸人に対しては、与えて、与えて、さらに与えて、はじめて自分のところに巡ってきます。ギブ&テイクの精神より、もう1つ上のギブ&ギブンの気持ちでいきましょう。いつしか与えたものが自然と自分のところに戻ってくるでしょう。

❹自分にはできないことでも、他の人にはできることがたくさんあ

ります。克服するためには、人の力を借りればいいのです。不可能なことが可能になります。だから不可能なことはありません。

❺求めるものに対して正当な対価を払いましょう。場合によっては、代価の先払いをすることも必要です。リスクを恐れてはいけません、あえてリスクを取るくらいの気持ちでいきましょう。

❻自分がしてほしいと思うことを、他の人にもしてあげましょう。人に喜ばれること、役立つことを求め、行動しましょう。これが黄金律です。人生においては、直接的な努力だけでなく、間接的な努力によって多くのものを手に入れることができます。

❼自分の思い込みだけで原則から外れたことをしても決してうまく

いきません。当たり前のことを当たり前に、誰よりも熱心に取り組むようにしてください。

❽自分だけですべてを決めることはやめましょう。あなたの周りにいるメンターを最大限に活用することが必要です。

❾何も考えずに、ただひたすら努力すればよいというものではありません。考える時間も大切です。あえて立ち止まり、考える時間をもちましょう。

❿どんな人でもあなたに大きな価値を与えてくれる可能性をもっています。もしあなたがセールスパーソンだとしたら、すべての人に対して、「1億円の見込み客」と考えて接してみましょう。当

人との契約が難しくても、その人の背後、別の縁から将来1億円以上の価値が生み出される可能性があります。

豊かになるための10の発想法

〈 物心ともに豊かな人生を送るため 〉

❶ ポジティブな気持ちで物事に取り組む

❷ 逆境を喜ぶ

❸ ギブ&ギブン

❹ 他人の力を借りれば不可能はない

❺ 正当な代償を払う

❻ 自分が望むことを他人へ提供する黄金律発想

❼ 原則中心に生き、思い込みで行動しない

❽ メンターを活用する

❾ 考える時間をもつ

❿ その人の背後にある付加価値を見出す

第4章

自信はトレーニングによって強化される

達成を維持する

［行動管理］

見直しの時間をとる

自信形成のために、目標を掲げて達成に向けて没頭していると、大切なことを忘れてしまう場合があります。目標の奴隷になることで、一番大事な目的を見失ってしまうのです。目標とは本来、目的を達成するために存在するのに、これでは本末転倒でしょう。

とりわけ多く見られるのが、仕事に打ち込みすぎて家庭を顧みなくなってしまうケースです。大切な家族を幸せにするという目的のために頑張っているのに、いつの間にか目標の奴隷になってしまっている。

とくに経営者という重大な責務を担う人の場合、責任感の強さが災いして、休日を返上してまで仕事に取り組むこともあるでしょう。私にもそうした経営者の気持ちはとてもよくわかりますし、実際に夜遅くまで仕事に打ち込むことも多々あります。しかし、それでも家庭を顧みないことを正当化してはいけません。

ある受講生の方は、成果を出している人間同士がノウハウを隠しながら、ポジション争いをしている完全に勝ち負けの不動産会社で働いていました。仕事に打ち込むために引っ越しをしたものの、奥様が慣れない土地で友人ができずにうつ病になり、その分、本人は成果を出そうと頑張りましたが、最終的には離婚に至り、その過去をずっと隠してきたと仰っていました。

経済的な繁栄は信念の力で得られますが、愛を土台にしなければ真の自信は形成されません。お金を追いすぎると自信がなくなります。ちなみに、彼は保険業界への転職を機に生き方を変えて、テクニックではなく、人生そのものを磨くことで社長賞を受賞するほどになりました。弊社の受講生と一緒に勉強会へ参加するなど、日々前向きに研鑽を積まれています。

「家族のために頑張ってきたはずなのに、いつの間にか何かが狂ってしまった……」

そんな黄色信号が灯ったときは、セルフカウンセリングによって目的を思い起こしてください。そして、あまりにも自分が無理をしていると思ったら、計画を見直して余裕をもたせましょう。**週末や週の半ばに、「計画を見直すための時間」や「軌道修正するための時間」を**

設定して、予防線を張っておく必要があるのです。

私が出会った、とあるトップセールスマンは、1週間を「月・火」「水」「木・金」の3つに分けています。前半と後半は営業活動などの実務に集中して、中日の水曜日には一切アポイントを入れないようにしているのです。「見直しタイム」では、営業結果の整理をしたり、前半の結果を鑑みて後半の営業戦略を練り直したりしています。彼が実践している方法は、仕事にメリハリをつける上で有効ですし、日々、新たな気持ちで仕事に取り組むことができるようになります。

「自分は、ビジネスパートナー、同僚、部下、そして家族といった周りの人たちに支えられて生きている」

目的に立ち返ることで、こうした現実に気づくはずです。そして仕事の忙しさを理由に何かを犠牲にするのは、自己中心的な考え方の表れであることを自覚するでしょう。

感謝の心があれば、目的を見失うこともなく、誠実に生きることができます。

次頁で示す質問を毎日、自問自答してみてください。その際、「どう感じているのか、思っているのか」ではなく、「何をしているのか」にフォーカスしましょう。行動は真実です。自分が本当に求めているものを知り、目的に生きる成功者になってください。

〈 セルフカウンセリング 〉

❶ 私は何を求めているのか？
私にとって一番大切なものは何か？
私が本当に求めているものは？

➡ **願望の明確化**

❷ そのために「今」何をしているのか？

➡ **時間（お金）の使い方をチェックする**

❸ その行動は私の求めているものを
手に入れるのに効果的か？

➡ **主観を絶対視せず**
客観的に行動を自己評価する

❹ もっとよい方法を考え出し、
実行してみよう

➡ **改善計画とその実践**

例：あるトップセールスマンの１週間

月 火	営業活動に専念	
水	見直しタイム	・アポイントを入れず、営業結果のまとめ、整理をする ・週の後半の営業戦略を見直す
木 金	営業活動に専念	

「なんのために」という目的を忘れないように
「見直しタイム」を設ける

自分をほめてあげよう

自己愛を養う「承認」の重要性を述べました。もし、周囲から承認を得られない状況であれば、**自分で自分をほめる**ことも大切です。

私がセールスマンをしていたころは、セールスコンテストで優勝したときなどに、自分へのご褒美として時計や筆記具を買っていました。

もしあなたがセールスマンだとしたら、「この商談がうまくいったら、ステーキを食べに行く」というご褒美で自分をほめるのもいいでしょう。

あるいは、「今週の契約件数目標を達成したら、部下を飲みに連れて行く」というような周囲にインセンティブを与えるプレゼントでもいいのです。

私は、よく鏡に向かって「仁志、お前はよくやってきた。本当に偉い。頑張れよ。よくやっているぞ」と自己承認します。これは声に出したほうが効果的です。

自己承認できるご褒美を得られると、それが事実として自分の記憶に残ります。また、戦利品であれば、目にしたときに成功体験が蘇り、快適感情が呼び起こされて、プラスのエネルギーを与える役割も果たすのです。

前述のように、セールスマン時代は、自分へのご褒美をたくさん与えてきました。一方で、目標を達成するために、たとえ同僚が休んでいるときでも時間を惜しまず働いていました。つまり「人がやっていない努力を自分はしている」という事実によって自己承認をしながら、暗示をかけたのです。

また、社会的な活動、たとえばボランティア活動に参加するといったことでも人の役に立っているという実感が自信を育みます。私もロータリークラブに入っていますし、若いころには青年会議所で奉仕していました。

自分に対して「お前はよくやった」と言える生き方をする。あるいは、自分のよい面だけを考えて、心にプラスのイメージを描く。人はそうすることで、最高の人生を歩むことができると私は信じています。

まずは、次頁に「目標」と「達成したときのご褒美」を書き出してみましょう。明文化して自分自身に対する期待を具体的にするほど、目標達成の原動力になります。

確信のない未来を信じるためには、わかりやすい成果を求めることも有効なのです。

自分の欲するもの、期待するものを書き出そう

例：今週の契約件数目標を達成したら、部下を飲みに連れて行く

やる気が起きないときは身体を動かそう

「私は本当によくやった」と自分自身をほめられるぐらい強い信念をもって努力するのは素晴らしいことですが、どんな人にも限界はあります。自分の限界を超えて頑張りすぎると、「どうしても気分が乗らない」「やる気が起きない」というようにメンタルダウンしてしまうことが必ずあるものです。

そんなときは、**フィジカル（身体や行動）にフォーカス**して、停滞した気分を解消させるのが効果的です。近所の公園でジョギングをしたり、フィットネスクラブで汗をかいたりするのもいいでしょう。あるいは散歩やストレッチといった軽めの運動で身体を動かすだけでもメンタルダウンが解消されて、やる気が戻ってきます。

自分の状態を見極めて適切な対処をすることも、人生における重要なテクニックです。ですから私の場合は、決して無理をせず、いつも自然体でいられるように日々の行動プランを立てて自分をコントロールしています。無理をしてしまうと、思考がマイナスの方向に向いて行動を妨げてしまうからです。

身体を動かすことの他にも効果的な対処方法はあります。

自分の好きなことをする時間のために仕事の段取りを整えるのも、有効なテクニックの1つ。気の合う友人と会う、好きな映画を見に行く、美味しい料理を食べに行くなど、仕事が終わったあとの楽しみを期待しながら、目の前の仕事に対する集中力も高められるのです。

「思うように物事が進まない」

「仕事に集中できない」

こうしたメンタルダウンは黄色信号です。察知したら、とにかく早めに気分転換することが肝心です。そんなときは、アファメーションCDを聞いたり、能力開発のセミナーに参加したりするのも効果的です。

あるいは、いつもと違う場所に行ってみたり、行動する時間帯を変えてみたりするのも気持ちをシフトする上では、有効でしょう。

私は、会議が長引いてくると、ダラダラせず、すぐに小休憩を取ってリフレッシュするようにします。集中できないまま続けてはかえって効率が悪いからです。

少しの時間でも違う話題を仲間や同僚と話したり、お茶を入れて飲んだりするだけでも気分転換になります。

また、どうしても解消できないときは、いつもより早めに寝てしまいましょう。メンタルダウンをしていると物事がうまく進まず、フラストレーションが溜まります。そうなると、モチベーションだけではなく、自信喪失にもつながってしまいます。一晩ぐっすりと眠って、翌日に早起きして、改めて目的・目標に立ち返れば、再びやる気がみなぎってくるはずです。

気分が停滞してきたら、**早めに気分転換のための行動をして、頭がクリアなときに、すぐ目的・目標に立ち返り、自信形成の再スタートを切ることが重要**です。

やる気が起きないときは行動に焦点を当てる

メンタル
DOWN
やる気が出ない
何をやっても
うまくいかない
どうしても気分が
乗らない
ストレッチをする
ジョギングや
散歩をする
フィットネス
クラブに行く
身体を動かすことで停滞していた気分が解消され、
やる気が戻ってくる！
メンタル
UP

リフレッシュするためのアポイントを入れる

新しいチャレンジをしようとすると、それだけでストレスがかかります。自信形成の道を歩むのであれば、「適切なタイミングで気分転換を図る技術」が必要になります。

ベストコンディションで目標達成へ向かうためには、事前対応で気分転換のプランを組んでおくこともやらなければならないことです。

そのためには、なるべく生活をパターン化して、よいリズムをつくり、自分を守るテクニックを身につけておきましょう。

私の年間スケジュールには、あらかじめ3ヶ月に1回、家族と一緒に海外旅行へ行くプランが組み込まれています。日々のストレスが限界値に達し始める時期の目安が3ヶ月だからです。旅行の期間は1週間程度ですが、仕事から完全に離れて家族との充実した時間を過ごしていると、みるみるうちにリフレッシュしていく自分がいることを自覚できます。

もちろん、仕事が忙しくて1週間を空けるなんてとてもできないという人も多いでしょう。

そんな場合には、日々の生活のなかで、少しでもいいので自分だけの時間や遊びの時間を設けてみてください。多忙だからといって仕事ばかりしていると、必ずストレスが限界に達します。さらに、限界を超えると回復するのに、多大な時間と労力がかかります。仕事上手は遊び上手。「楽しみ」も人間の基本的欲求の1つですから、頑張っている自分にご褒美をあげるつもりで適切なタイミングで気分転換を図ることをお勧めします。

前述した気の合う友人と一緒に過ごすことも有効です。スポーツで汗を流したり、食事に行ったり、自分の「楽しみ」にフォーカスしてプランを組んでください。満たされる人と一緒に過ごすことは、ストレス解消に有効な行為の1つです。

ストレスというものは、日々の生活のなかで、無意識のうちに少しずつ溜まっていきます。そして、一定レベルまで達すると思考がマイナスに向き、物事を悪い方向に考えるようになってしまう。そんな恐ろしい力をもっています。

日々溜まっていくストレスに対処できるよう、左記の気分転換のプラン表を作成して、日々のストレス解消になりそうなものと年間ベースでのスケジュールプランを書き出してみてください。生活を事前にパターン化すれば、よいリズムで自分を守ることができます。

堅苦しく考える必要はありません。仕事のアポイントを入れるときと同じように、「リフレッシュするためのアポイント」を自分に対して入れるのです。実行してみれば、メンタルダウンを防ぐ最良の方法であることを実感できるはずです。

普段の生活のなかで リフレッシュできるプランを書き出そう

例：仕事終わりに気の合う仲間と食事に行く

〈 年間の気分転換プラン 〉

「楽しみ」にフォーカスしたプランを
年間スケジュールに組み込もう

	プラン 1	プラン 2	プラン 3	プラン 4
1月				
2月				
3月				
4月				
5月				
6月				
7月				
8月				
9月				
10月				
11月				
12月				

自分の居場所をつくる

「自分の居場所」をつくることは、一生折れない自信をつくることと同じくらい価値があります。

私は『頂点への道』講座のトレーナーを連続700回以上、28年間休まずに務めてきました。この間に父が亡くなり、子どもが2人生まれました。

3日間の研修で15万4000円を払うのは、決して簡単なことではありません。私も真剣勝負で向き合わなくてはならないと思い、前掲した3年間で6回の再受講システムを取り入れました。研修を受けたあと、お客様一人ひとりをコンサルタントが無料で3年間フォローするのです。

お客様が求めているのは、質です。この答えを自分自身の中にもって、仕事に励めば、絶対に崩れない自信ができます。

ご受講いただいている方々は、総じて信念をもっており、お客様のために自分は存在していることがわかっています。たとえば、医者は見方によっては非常にネガティブな職業になります。毎日病気を抱えた人から相談を受けて、悩みを聞く。ミッションをもっていなければ続かないでしょう。自分が同じ立場であれば、おそらく身体がもたないだろうと考えてしまいます。憂鬱を超える〝使命感〟をもっているから、乗り越えていけるのだと思います。

物事に対して真正面から向かい合い、誠実に、期待に応えよう、家族を幸せにしようといった心の姿勢が自信を育みます。相手の存在を承認する、相手を受け入れ、認め、相手の存在に焦点を当てることが相手に喜ばれることにつながり、結果としてあなたの自信は高まります。利己的になればなるほど、自己イメージは下がります。

「自分の居場所」をもってさえいれば、決して自信は失われません。

では、自分の居場所とはどのように見出すものなのでしょうか？
人には、それぞれ自分が活かされる場所があります。私の場合は、それが過去に実績を出したセールスであり、研修トレーニングでしたが、もちろんそれらを始めた当初は「自分の居場所」と呼べるようなものはありませんでした。

大量の在庫を抱え、あちこちから資金を集めて毎月300～500万円の借金を返済しなければなりませんでした。商品の企画制作会社に返品しろと周りからは言われましたが、売り切る選択をし、ただひたすら誠実に、真剣に、本気でやり続けてきたからこそ、「自分の居場所」をもつことができたのです。

あなたも自分の願望に合った目的・目標に対して真剣に取り組んでみてください。大きな自信とともに「自分の居場所」を手にすることができるでしょう。

自分の居場所をもつことの有効性

悩みを抱えたときでも
どうして
うまくいかない
のだろう
自分の居場所に戻ることで
自信は失われない
研修
トレーニングこそ
私の使命

自分が活かされる場所を見つけよう。

私の居場所は　　　　　　である。

終章

成功を定義する

あなたにとっての成功とは？

自分が信じていないことは現象化しません。意識的、無意識的にも信じる心がないものは成就しない、または、しにくいと言えます。前提となる心構え、つまり、自信があれば挫折しません。当然、折れないです。

信じているからこそ続けていける。なんとか道が開けるだろうという心が、自分の能力を開発します。そして、人の力を借りることで不可能は可能になります。

自信形成には、自己愛と人間関係を構築する力を養う必要があります。

自己愛は、自己と他者両方から承認を得られる価値ある生き方を実践することで手に入れることができます。

人間関係構築力は誠実な生き方をまっとうし、自分がしてほしいことを相手にする黄金律に従っていくなかで培われていくものです。

私が研修で伝えていることは、「愛」を土台とした身近な人を大切にする生き方です。私の研修を受けて、人生が前向きに変わったという人はおしなべてインサイドアウトの生き方にシフトしています。そして、自分のペースで自ら定めた目標を達成し、少しずつ自信を形成しています。

私は、人に嫌われたくない、痛みを受けたくないという一心で、意図的にプラスの言葉を使い、なるべく徳の高い人たちと交際するように努めてきました。そうして変わってきた人間です。

ですから、自分と一緒に働く人に対しては、自信をもたせようと意図的に接しています。社員には「きみにはこういう才能があるから、いまの仕事に向いてるよ」と伝えることで、よいところを伸ばしてもらいたいのです。自信はつくることができます。

人は、自分を認めてくれる人と一緒にいたいものです。あなた自身が人を認められる人間になるためにも、健全な自己信頼感をもっていただきたいのです。

私もこれまで多くの研修やセミナーに参加してきました。そして、どれも素晴らしいものでした。もし、求める心がなければ、どんな研修であろうと意味をなさないでしょう。本書を手にしたあなたに変わる意志があれば、吸収する力はどんどん高まります。自己暗示の力を使い、書物を読み、付き合う人を変えることで、戦略的に思考を変えることができるからです。それがあなたの現実を決定していきます。

私も願望を現実のものとするために目指して続けています。人と比べることなく、自分のペースで強くなれるような人を育てていきたいのです。

強い人は優しくなります。思いやりのある人になります。自信がある人はいじめなどしません。私は、自分が味わってきた痛みをどうしたら世の中からなくすことができるのかを真剣に考えています。そして、満足してくださったお客様は、最高の協力者になっていただけるという思いから3年間のフォローシステムをつくりました。人材教育コンサルティングの事業に携わって35年間一貫してきた信念が、いまの現実をつくった源になっているのです。

自信とは思考そのものです。実存していません。その人の解釈の中にすべてがあります。いくら努力しても自信がもてない人は、上を見て自分を比べてしまっているのでしょう。それは正しい判断なのでしょうか？

何かを判断するときには**「本質的、長期的、客観的」**の3つの視点で自分の意思決定を省みることが大切です。この3つの軸で、前掲したセルフカウンセリングとして自分は何を求めているのか、どうなりたいのか、自分の人生をどういう状態につくりあげていきたいのかを考えてみてください。自信形成のために、あなたの人生においての成功とは何かを定義しましょう。そして、そのために今、何をしているのか、それは効果的なのかを自己評価してください。繰り返しますが、あなた自身が、自分の意志で現状を見据え、変わるという選択をしたときのみ変わります。

トレーナーでも、コンサルタントでも、どんなによい書物でもよくなっていただくための情報は提供できます。しかし、その人の人生を変えることはできません。

本書には、自信をつけようとしている人、つけたい人のための自信をつくるノウハウがあります。あなたが求めていれば、必ずヒントになるはずです。

ぜひ、自分を信じてチャレンジを続けていってください。変わる力はあなた自身の中にあるのですから。

本書との出会いが、あなたの人生を拡張し、質を高める一助になることを願います。

現在では、グループ3社となるアチーブメントグループ最高経営責任者・CEOとして経営を担うとともに、一般財団法人・社団法人など3つの関連団体を運営している。

2010年から3年間、法政大学大学院政策創造研究科客員教授として教鞭を執り、「日本でいちばん大切にしたい会社大賞」の審査委員を7年間歴任。

2022年、教育改革による日本再建を目指し、超党派の国会議員でつくられた「教育立国推進協議会」に民間有識者として参画、会長代行として活動している。

著書は、40万部のベストセラーとなった「一生折れない自信のつくり方」シリーズなど累計64冊。一般社団法人日本ペンクラブ正会員・国際ペン会員としても活動。

[オフィシャルサイト]
https://www.aokisatoshi.com

[ツイッター]
@aokiachievement

[Voicy] 「青木仁志のトークの世界」
https://voicy.jp/channel/2788

青木仁志（あおき・さとし）

北海道函館市生まれ。若くしてプロセールスの世界で腕を磨き、トップセールス、トップマネジャーとして数々の賞を受賞。その後に能力開発トレーニング会社を経て、1987年、32歳で選択理論心理学を基礎理論としたアチーブメント株式会社を設立。会社設立以来、延べ46万名以上の人財育成と、5,000名を超える中小企業経営者教育に従事している。

自ら講師を務めた公開講座『頂点への道』講座スタンダードコースは28年間で毎月連続700回開催達成。現在は、経営者向け『頂点への道』講座アチーブメントテクノロジーコース特別講座を担当する。

同社は、Great Place To Work® Institute Japanが主催する「働きがいのある会社」ランキングにて８年連続ベストカンパニーに選出（2016-2023年度、従業員100-999人部門）され、また、日本経済新聞による『就職希望企業ランキング』では、社員数300名以下の中小企業にて最高位（2014年卒対象 就職希望企業ランキング第93位）を獲得。2019年４月からは一般社団法人 日本経済団体連合会に加入。2022年11月より東京商工会議所議員企業として選出され、2023年１月より東京商工会議所における教育・人材育成委員会の副委員長、中小企業委員会の委員、イノベーション・スタートアップ委員会の委員を務める。

[アチーブメント出版]

Twitter @achibook

facebook https://www.facebook.com/achibook

Instagram achievementpublishing

より良い本づくりのために、
ご意見・ご感想を募集しています。
お声を寄せてくださった方には、
抽選で図書カードをプレゼント！

一生折れない
自信のつくり方　実践編 ［文庫版］

2023年（令和5年）3月31日　初版発行

著者 ―――――― 青木仁志

発行者 ―――――― 塚本晴久

発行所 ―――――― アチーブメント出版株式会社
〒141-0031
東京都品川区西五反田2-19-2 荒久ビル4F
TEL 03-5719-5503／FAX 03-5719-5513
https://www.achibook.co.jp
装丁・本文デザイン ― 轡田昭彦＋坪井朋子

編集協力 ―――――― est Inc.

校正 ―――――― 株式会社ぷれす

印刷・製本 ―――――― 大日本印刷株式会社

ISBN 978-4-86643-129-1